海教师

1

第 1 辑

上海教育出版社

卷　首

李永智

2020 年是一个具有划时代、里程碑意义的重要节点，"两个一百年"奋斗目标在这里交汇，两个"五年规划"在这里交接，"两个大局"在这里交织激荡。越是攻坚时刻，越需要思想引领；越是应对变局，越需要核心领航。在教育界同仁的热切期盼下，《上海教师（第 1 辑）》正式与读者见面了。

上海是教育改革的先行者和探索者，在 2015 年、2018 年两次"教师教学国际调查"（TALIS）中，上海教师多项指标取得世界第一，这样的教育奇迹引发世界各国纷纷探讨上海教师的"秘密"。成功的背后，是数十年来上海在教师教育领域沿着专业化、个性化、现代化的方向坚持不懈的努力。这也为本刊的研究提供了丰厚的实践基础与理论支撑。

为了培养新时代大国良师，助力中华民族伟大复兴，《上海教师》将立足上海乃至全国教师教育实践，面向中国讲好教师故事，面向世界讲好中国故事，面向未来讲好世界故事。我们将深入学习习总书记关于教育的重要论述，不断强化教师在教育优先发展战略中的基础性先导性作用，深入贯彻"四有好老师""四个引路人""四个相统一"等一系列要求，为了教师，服务教师，成就教师。

作为一本探索教师专业发展的新集刊，《上海教师》必将蕴含新时代教师教育的新特点：

1. 创新性。在努力培养好教师的过程中，我们要解放思想，不断创新，善打"组合拳"，打通教师队伍建设中机制性梗阻，既要办好人民满意的教育，培养出人民满意的教师队伍，又要引导广大教师以一流意识、一流目标、一流标准，肩负起传播知识、传播思想、传播真理，塑造灵魂、塑造生命、塑造新人的时代重任。

2. 系统性。对教师的培养应当系统地、分层分类地开展，为各阶段各类型教师的成长成才设计向上路径。培育大国良师，不可能毕其功于一役，也不可能零打碎敲，应当系统规划、长期开展、有机合成、精准发力。

3. 整体性。为了充分激发教师活力、挖掘教师潜力，教师的培养要从短期实施变为长期自觉，从节点演变为链条拉动，从碎片生成到整体设计，切实解决教师培养的实效问题，从教师需求出发，为教师成长搭建整体性平台，使得教师发展有方向，成长有空间，分享有平台，成才有机遇。

4. 数字化。对新时代教师的培养，离不开数字化平台的支持。充分利用平台大数据，了解教师所需，知道教师所想，不断减少教育资源浪费，从数据中寻找上海教师成长的秘密。

作为一本新集刊，《上海教师》具有一些新愿景：

1. 它将以新时代中国教师为主要研究对象。在新形势下，中国教师肩负着民族复兴与教育强国的历史使命。《上海教师》将扎根教育实践，以新时代中国教师为主要研究对象，融通职前与职后教育，观照新教师、骨干教师与专家型教师的成长，基于新时代大中小幼各学段教师的实践总结经验。

2. 它将努力成为全媒体支撑的新型集刊。《上海教师》将主动突破传统学术期刊对纸媒的依赖，利用创办刊物的后发优势和上海教育信息化的领先优势，通过流程优化和平台建设，实现各种媒介资源、生产要素有效整合，实现信息内容、技术应用、平台终端、管理手段共融互通，努力成为有影响力、竞争力的新型学术期刊。

3. 它将努力在国际舞台上发表教师研究的中国声音。在全球化的背景下，中国坚持改革开放的大国方略，坚持道路自信、理论自信、制度自信和文化自信。《上海教师》需要了解、借鉴国际经验，观察、反思本土实践，创生、传播中国声音。《上海教师》将依托专业力量，借力华东师大、上海师大等著名高校，并借助联合国教科文组织教师发展中心、教师专业国际峰会（International Summit on the Teaching Profession, ISTP）等平台，在世界的舞台上宣传中国，发表中国教师研究的新见解。

百年大计，教育为本；教育大计，教师为本。我们正身处一个伟大的时代。今日，《上海教师》从上海出发，筑梦中国，走向世界。

Shanghai Teachers

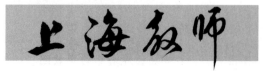

第 1 辑　　CONTENTS | 目录

教师发展

课堂教学

教师评价

国际比较

未来教师

CONTENTS

师者于漪

吴国平

（上海师范大学教育学院　上海　200234）

[摘　要]　在汉语中，"师"的本义为"效法"和"值得效法的人"。从教未必为师，为师多因从教。于漪从教逾六十年，在漫长的教书育人过程中坚持以"智如泉源，行可以为表仪者"的标准要求自己，终成一代人师楷模。于漪为师从"立人"出发，其示范并塑造的是"一个挺直脊梁的、大写的中国人"，并基于此建构教育认知和师者立场，进而成功地赋予育人实践以价值。于漪全身心地把自己化入为师的身份中，"师"所蕴含的社会、文化成分渐渐被于漪所内化，最终成就了我们这个时代一位名实相符的、鲜活的师者。

[关键词]　从教者　教育认知　教师身份

于漪从教逾六十年，除了没有做过总务主任，几乎从事过学校所有的工作岗位；教过初中，也教过高中；当过师范学校校长，也当过重点高中校长；任职过"中语会"副理事长，也兼任过上海市人大教科文卫委员会副主任委员；先后获得过特级教师、全国教书育人楷模、人民教育家等荣誉称号。

于漪身上有许多光环，这是令许多人迷离的东西，却是于漪自然流淌的身段，她自己决计不会为那些东西所惑。就像舞台上的京剧名角，不会为一身上下的华丽所羁绊，却着力将人物的艺术真谛传递给观众。至于台下，看热闹的总会对着那些华丽的外形喝彩，看门道的才会随演绎者一起步入艺术的世界。由此思之，"著名特级教师""著名语文教育专家"，以至于"人民教育家"等一类的光环都是本文所不能完成的评议任务，这是评议师者应取的视界。需要说明的还有一条，上述京剧、舞台是用来表明评议的视角，绝无把为师与表演相提并论的初衷，于漪从教更不是演戏而是为师，是以"师者于漪"为正题。

"从教"与"为师"，是两个相互联系却完全不同的概念。从教未必为师，为师多因从教。八点入校、五点离校者中为了一份教职的人不在少数，进入课堂、走在校园被学生唤作"×老师""老师好"，日复一日、年复一年便习以为常地认定自己就是"师"了，其实不过是谋了一份教职，养活自己和家人。须知，在汉语里"师"乃"效法"和"值得效法的人"，"三人行，必有我师焉"此之谓也，是以自古以来与"师"相配的角色无不令人尊敬。不少人或碰到过一个颇觉尴尬的场景：当我们遇到一位令人尊敬、有身份却非从教人士时会为如何称呼所惑，一个爽朗的经验便是称对方为"×老师"，其教养便在于体现了"师"的本义。在我国，直到

作者简介：吴国平，上海师范大学现代校长研修中心副教授，主要从事教育行政与管理、教师教育、教育思想史、儿童哲学研究。

在"于漪教师教育系列课程"首发式上

20 世纪 50 年代为了提升从教者的社会地位，才把原来的"教员"称呼隆重地改为"教师"，意味着从教的人不再只是一个普通的身份，而是可以成为别人效法的对象。至于从教的人是否展现出令人效法的能力和品质，那应是区分从教者与师者的标志。从教是为师的一种途径，为师又会增进从教的能力和品质，且从师者于漪平议入手。

一、立人——为师的根底

解读于漪为师最核心的一把钥匙便是做人。

于漪很欣赏罗曼·罗兰说过的一句话：要撒播阳光到别人心中，总得自己心中有阳光。要成为怎样的人，古往今来立志成事者无不是从灵魂中安顿下自己，进而得以安然行走于世间，唯后人常常以"英雄"涂抹圣贤，仰视其间便失却了真实。须知，世上英雄本出自凡人。议论做人问题，总绕不开人生观的问题。活着为什么，这是一个哈姆雷特式的问题，而人生观的确立往往在遭遇社会、家庭及个人变故之后，一如曹雪芹、鲁迅，一如法国大革命与二战之后的西方知识精英。

出生于 20 世纪 20 年代末期的于漪，由于时代和家庭的原因，少年时便在头脑中清晰地确立了做人的基本底线。需要引起关注的是，这个时代走过来的，或者中途遭遇不幸的，共同之处都是把做人和做中国人紧紧联系在一起。原因既复杂也简单：近代社会是族群社会，每个人的命运都是与族群的命运紧紧联系在一起的，这种心结以杨振宁在得知好友邓稼先为中国原子弹所作出的牺牲之后所表达出的不尽感慨为典型。可以说，贯穿于于漪人生的不二信念，就是她在各种场合一再强调的"要成为一个挺直脊梁的、大写的中国人"。毋庸置疑，这种信念背后的群像、群体占有绝对的主导性，相对而言，对于个体不叫牺牲，而是必要的隐忍和退让。疫情中的"屏牢"，话似粗，理实同，我们不也可以窥见其中的身影吗？这就是大写的武汉人，大写的中国人，大写的人。大写的人，简单，要做到最难。在于漪成长的年代，挺直脊梁，首先要解决的就是如何面对"洋"，这也是于漪从教中十分关注、高度警觉的地方。陈寅恪在回顾自己的一生后，把"未尝侮食自矜"视为告慰友朋的自豪。"侮食自矜"者何？挟洋自重之谓。西学东渐以来，每个时代都有挟洋者招摇过市，以迄于今，陈论立定于特殊年代并著作等身便可见一代中国人的脊梁。其实脊梁之于中国人，尤其是读书人，自有其传统。不只是梁漱溟等，有多少中国人以夫子的"三军可夺帅也，匹夫不可夺志"对抗强权？脊梁不仅要面对强权，还要面对贫富、穷达。孟子之"富贵不能淫，贫贱不能移，威武不能屈"同样是激励了不知多少中国人。脊梁概念的丰富性除了传统的、一贯的一面，还有时代的、历史性的一面。但在于漪走过的时代中，她做到了洁身自好，表现出了一个师者的典范。这是于漪过人之品，亦是其平常之处。

于漪从教始于 20 世纪 50 年代，完整地经历了前后两个"三十年"。"文革"中于漪的工作生活虽也受到冲击，但纵观于漪职业生涯并没有出现过简单的以前后两个三十年相互否定的情况。这是笔者一度希望在于漪身上看到却并没有看到的，慢慢才明白，于漪心底有自己对教育是什么的清晰的认定。即便是在"文革"那个年代，主流的价值还是说教育学生成为对社会有用的人。于漪也是遵循着这样的底线引导教育学生的，甚至把一个被大家认定是"小偷"的学生接到自己家中生活、教育，使该学生最终得以健康成长。于漪在职业生涯中极少超越职业身份对社会现实作过多的批评，但对伤害教育、伤害学生的各类现象却决不姑息，其不顾个人辛劳奔走呼吁的也多是尊重教育、尊重学生、尊重教师的呐喊。这是师者于漪所表现出来的令人尊敬的职业风范。做人有种种，有人喜欢怒目金刚，有人喜欢和风细雨，显然，于漪属于后者，这是她的个性和教养。

于漪的立人观建立在"己欲立而立人，己欲达而达人"（《论语·雍也》）的基础上，要想学生成为什么样的人，自己首先要做到什么样的人。那么于漪所欲立的是什么样的人呢？她引宋儒程颐的话"君子之学，必先明诸心，知所养，然后力行以求至，所谓自明而诚也"（程颐《颜子所好何学论》），换成今日通俗的话说，就是成为君子的途径首先是在内心清楚自己所向往的那些品质，知道达成这些品质的方法，然后发奋努力、不断实践以求完美，这就是我们经常强调的从知道到实现的"自明而诚"。

可以看出，于漪对于做人的态度极其鲜明，读书求明理，好学为力行，表明了成君子的意愿。不仅如此，于漪还多次在各种场合强调文天祥临终前留下的绝笔："孔曰成仁，孟曰取义，惟其义尽，所以仁至。读圣贤书，所学何事，而今而后，庶几无愧。"（《宋史·文天祥传》）文天祥就义之后，在他的衣带里发现了这张纸条，写着孔子主张仁爱，孟子强调正义，只有充分做到了正义，仁爱便达成了。我们读了那么多圣贤之书为的是什么呢，明白了这样的道理，从今往后自己就可以没有羞愧了。世人常把孔孟的"仁—义"之论对立起来，当文天祥面对生死抉择的时候想清楚了——"义尽仁至"，终于化解了鱼与熊掌不可兼得之困——取义即成仁。那么如何才能取义呢？于漪看得很明白，读书做人的义只有一个：报效祖国。这一认识源自于漪对生命价值的追问和思考。她说"照耀生命"的"不是生理层面的'活'，而是精神层面的追求"。"有价值的一生是怎样创造的呢？""是心灵的渴望，开阔了求索的视野；是心灵的飞翔，催促了奋进的脚步；是心灵的富有，孕育了生命的奇迹。要创造人生的辉煌，须首先让心灵辉煌起来。""人精神上没有支柱，没有志向，没有追求，就会失魂落魄。"于漪本人多次在不同场合都提到物质的需求总有一定的限度，在满足基本生活以后，便应更多地关注精神生活。很多人，尤其是年轻的老师常常感到困扰，知道这些道理或许并不难，但是如何真正做到自律却很难，现实的诱惑太多了。"有人认为这个年头讲实际，高尚是标语、口号，谈论它是一种奢侈。这种看法乱人视听……教师应站在精神高原上，而不是降到精神低谷，跟风、随波逐流……我们立的是忠诚教育的事业，如果做什么都有功利目的，那'事业'就成了'私业'，这是万万不可取的。"[1]心怀祖国，忠诚教育，便能为众人的教育大业抵御各种私心杂念，这是于漪的"自明而诚"。

庆祝于漪老师喜获"改革先锋"称号

不难发现，于漪身上有强烈的历史意识。她曾在引述史家对司马迁的评论时毫不掩饰个人的赞叹："（司马迁）是一个改变了所有中国人的人。是他，使每一个中国人成为'历史中人'。他以自己残破的生命、难言的委屈、莫名的耻辱，换来了一个民族的完整的历史，千万民众宏伟的记忆，华夏文化无比的尊严。"她借用李世民的诗句"心随朗日高，志与秋霜洁"来表达对司马迁的敬仰。于漪是我认识的少有的几位有着清晰历史意识的前辈，她深刻地认识到，应把个人放到历史的长河中来审视自身的价值，这是于漪有别于一般从教者的一个突出的特征。她还曾引莎士比亚的话说："'人是万物的灵长，宇宙的精华'，但人并不是生来就伟大，而是因为有思想、有精神才伟大。人的伟大与否无须靠别人赞美，行为本身会说话，历史会说话。"可见，于漪的史观是行动的史观。不妨为于漪所敬仰的历史人物和历史镜像列一个不完整的名单：司马迁、韩婴、诸葛亮、杜甫、张载、文天祥、王阳明、布鲁诺、莎士比亚、贝多芬、居里夫人、托尔斯泰、罗曼·罗兰、鲁迅、泰戈尔、英国生物学家古道尔、陶行知、叶圣陶、华罗庚、周予同、邓稼先、钱学森、苏步青、刘佛年、谢希德、张海迪、牧羊的苏武、西南联大授课中的闻一多、演绎《最后一课》的韩麦尔、玉树震灾中的布周才仁校长……这份名单后面还有很多我们熟悉或不太熟悉的后缀，这些人物上可追到孔孟荀、老庄，下可触及我们生活中的普通却不平凡的人物，他们清晰地活在于漪的世界里，成为于漪历史意识中一个个鲜活的、大写的人，这是铸就一名师者的精神资源。人总是历史的过客，有的人习惯于做看客，有的人希望是创造者。正因为有清晰的历史意识，所以于漪才更看重个人的职业行为与之相关联，使自己由过客而成为创造者。顾望四周，有多少人挣得一袭华丽的长袍，只等着聚光灯下翩然亮相，安然离场，江湖是如此，杏坛亦复如此，水天之别，可见一斑。

当然，从文化层面来看，于漪身上表现得更典型的是中国传统知识人的家国情怀和积极入世的一面。只是于漪从不拒绝时代提供的窗口，让自己学会了睁眼看世界，低头塑景观，她着力研究美国的语文教育和通过考察周杰伦的歌词引导教育今天的学生都是例证。

那么于漪所欲达的又是怎样的人呢？用于漪

自己的话来说，她把自己定位得"毫不含糊"——一个挺直脊梁的、大写的中国人，那么她所教导的学生也一定是一个中国人。于漪所欲立的这个人是有明确针对性的，那就是非"物"、非"容器"甚而非"分数"。于漪在长年的教育教学实践中一再呼吁不要把育人当作育分。"教育是有灵魂的。教育的灵魂就是培育学生心中的太阳。"[2] "这颗太阳闪耀着爱国主义的光辉，闪耀着勤奋好学、自强、自信、自律、敢于担当的光芒。"[3] 这样的人"应该是思想活跃，富于理想，有良好的习惯、奋发的精神，热爱祖国，热爱人民，有追求真知的旺盛的求知欲，有克服困难、锲而不舍的意志与毅力，自学能力强，有创新意识"[4]。可以看到，于漪所欲立的人包含三个层面的素养：首先，在国家民族层面是热爱祖国、热爱人民；其次，在社会层面是富于理想、勇于创新、敢于担当；最后，在个体层面是乐学善思、自强自律、意志顽强。于漪进一步从中国文化的内在特征出发，提出应重视人的修养，追求理想和人格的完美；拥有宽容精神与博大胸怀；注重和谐尚群的品质。[5]

己立立人、己达达人的立人观是双边互动的关系，唯有自己先做好了才可能引导好学生，而学生立人的达成反过来会强化自己做中国人的自信。识者多留有相同的印象，于漪与人交往总是十分谦和，旁人眼里于漪身上光环层层难免令人却步，可在于漪那里收获的荣誉越多越是谦逊。这是于漪的又一面，绝无傲气；于漪的另一面是骨子里对自己、对中国人、对中国文化高度自信。华饰艳服不是于漪，衣锦还乡也不是于漪，于漪崇尚的是衣着素朴庄重地登上讲台，这是征战无数战功赫赫的将帅才有的气势风范，是立人者自立之信，这是于漪的傲骨。于漪不会为有形的荣誉奋斗，"人民教育家"的荣誉却历史地选择了于漪。读不到这一点便不可能读懂师者于漪。于漪身上透着中国传统知识人的教养。

二、确立教育认知

从事教职，不能不认识教育，虽茫然者比比，但若要成为师者必须清楚教育是什么。于漪教过历史、教过语文，学的却是教育。她常常感叹自己转行的困难，其实那都是于漪的幸运。这种幸运不仅是指她遇到了一批懂教育的先生，还因为她在运用教育的过程中完成了自己对教育的认识。笔者忝列为教育研究者，深感时下教育理论的困扰，把原本并不复杂的教育认知涂抹到令人不知所措，也让自己如坠云里雾里，真能识得庐山真面目的并不多见，于漪是不多见中的一位。当整个社会陷入为升学焦虑之际，于漪站出来高声断喝"育分还是育人，是办教育的根本性问题"[6]。"只看到知识、技能，只信奉'分'，教育的准星就偏离了。""思想道德素质是自己内心约束的东西，是由社会的公德跟个人的道德观念、道德情感、道德追求结合在一起的。""教育要把学生从自然的人培养成为合格的社会公民。"[7]

从柏拉图的《理想国》到杜威的《民主主义与教育》，教育自始至终是为理想城邦、理想社会而设计的，要建设什么样的社会就需要办什么样的教育。问题是社会是由具体的人构成的，人的状况最终决定了社会的状况，这就是柏拉图说的，国家不是由石块或木料做成的，而是由它们公民的品性做成的。同样地，社会也不是通过强行实施一个改革计划就能改进的，而是通过组成社会的每一个个体的改善而得到改进的。于漪认真考察了中外教育理论，对此有清醒的认识："教育的本质究竟是什么？古今中外教育家论述教育，无不聚焦于人的培养和人之完成。""即教育是'教人'的，教学生'成为人'，'完成人的美好品质'。"[8] 以"完成"的命题论人当然不可能出自生物性原因，只能是社会性考量，因为"教育的本原所在是使它的文化功能和对灵魂的铸造功能融合起来"[9]。于漪进一步指出："显然，教育以'教人''成人'为务，建立价值生命。生而为人，是生物性或生理的生命，与其他有生之物一样。而要具备'人之为人'的特征，超越生物性的生命，须教育进行导引，滋养心灵，培养德行，学习如何做人，开发潜能，发展生存能力。"所谓改善人，意味着个体的理性、道德和精神等力量应得到最充分的发展，个体唯有被注入了社会和时代的价值，才能成其为人，才能融入社会生活，这才是教育。"什么叫教育？教天地人事，育生命自觉。"[10] "'立德树人'是教育最本质的问题，德育为先，育人为本。教育的根本任务是引导青年学生树立正确的世界观、人生观、价值观和荣辱观，培养德智体美全面发展的'和谐的人'。"[11] 她借雅斯贝尔斯的观点强调指出："教育须有信仰，没有信仰就不成其为教育，而只是教学的技术而已。"[12]

从表面来看，教育显示为一个"过程"，很多时候它表现为与教书相关的一套程序。较之于这种习以为常的观念，于漪认为"'育'有极其丰富的内容。培养一个学生，对他的思想素质、道德情操、知识的深度广度、能力的强弱、智力的高下、体质的情况等要有总体的设想，要有完整的概念。'育人'，是对学生进行全面培养。如果把'育'理解为只是开发智力，或者理解为只提高解题能力，这就犯了以局部代替整体的毛病，以这样的观点指导教学实践，必然会影响学生健康成长"[13]。可见，教育从根本上来说不是"过程"而是一套"价值规范"，这套价值规范通常以教育目的的形式出现，隐藏在教育内容中，其内涵十分丰富，是人们基于理想将社会的价值诉求传递给未成熟的一代人。于漪抓住了教育的真髓。"教育的本质是增强人的精神力量"，[14] "真正的教育是引导人的灵魂达到高处的真实之境，是人生境界的提升……教育是把人的灵魂用力往上拉，引向真理世界；知识、技能是帮助灵魂攀升的阶梯"。[15] 正是看到了教育本质上是一个赋值的过程，于漪把我们的教育定位到"中国心"上："基础教育从事的是国民素质教育，是在为未来公民的思想道德素质、科学文化素质、身心健康发展奠基，它的质量优劣关系到国家的前途、民族的命运、家家户户的幸福。基础教育的教师肩挑千钧重担，责任大于天，生命的意义与价值寄寓其中。"[16] "中小学教育也好，大学教育也好，归根到底是要培养学生有一颗中国心。如果我们培养的人对自己的国家缺乏感情，对中国的文化缺乏认同，缺乏一个公民应有的责任心，不能自

律……我们花的力气也会付诸东流，有负于国家的期望、人民的嘱托。"[17] 这表明于漪认定的价值来自国家民族，来自千家万户的民众，这是一个从教者不能含糊的地方。

识者或许会觉得于漪的这些认识并不新鲜，多是教育中的常识、常理，似无深文大义之论。殊不知，近三十年来教育界口号纷呈，理论学术泛滥，新名称、新说辞令人目不暇接，单就教育理论界来看都已被搞得莫衷一是；于漪能在这样的场域中"毫不含糊"地把握教育本质，不是特别的幸运，而是难得的清醒。

三、理解教师身份

"一辈子做教师，一辈子学做教师""师风可学，学风可师""教师的字典里永远没有一个'够'字"，这些是于漪一直说的，也是经常被别人借用的关于教师形象的认识。于漪是怎样理解自身角色的呢？

于漪曾经记述过这么一个故事。"有一个诗人叫约瑟夫·布罗茨基，他曾经获得过诺贝尔文学奖。有一次，一个国际基金会的组织请他讲演。他讲得非常好，主持人很感激他，他说：'你不要感谢我，坐在这儿的不是我自己，是我读过和我记得的知识的一个综合体。我已经不是我自己了，我读过很多书，记得其中的很多内容，我今天讲的就是我读过的和我记得的一些总和。因此我就变得有价值了，如果我没有读过这些，我就跟普通的人一样，走到街上，任何一个人捅死我都没有什么要紧的。但是因为我读过这一些，我记得这一些，我有了文化，我就是非常值得珍视的。'"[18]

这段描述很传神，不仅可以被视作于漪的自画像，也应该视为对一名教师形象的生动阐释。教师是一个文化人，其文化从人类文明中来，通过自己的演绎，影响和感染后来者，使自身内化的文化又回到人类文明中去。于漪不止一次在写作和报告中描述过闻一多在西南联大授课时的场景："回顾教育历史，常有这样的图景浮现眼前：一群身无分文的知识分子，器宇轩昂地屹立于天地间，

悲天悯人，造福苍生，令人感动。这是由于他们身上有那么一股志气、意气与豪气。历史启示今天，肩负重任的现代教师，理应从传统中汲取精华，锻造自己的'精气神'。"[19]这是于漪心底的一个结——"身无分文"却"器宇轩昂"，"天地之间"有"悲天悯人"。这是中国传统，表达的是精神和文化，它在审美上和"三军可夺帅也，匹夫不可夺志"同构。因此，于漪提出："教师需要不断修炼人格魅力与学术魅力。在教育工作中，一切是以教师人格为依据的，教育力量来自教师人格的活的源泉。人格魅力是一种与权势、金钱无关的吸引力，靠的是一身正气，品德高尚。学术魅力重在有真知灼见，有厚实的文化底蕴，不人云亦云、依葫芦画瓢。"[20] "'师者，人之模范也。'什么叫老师，老师就是榜样，是模范。"[21]所以，于漪指出："社会上并不是什么人都可以做教师的，选择了教师，就是选择了高尚，选择了与国家前途命运紧密相连的伟大的教育事业。"[22]她曾多次援引汉朝韩婴《韩诗外传》里的那句话来自我激励："智如泉源，行可以为表仪者，人师也。""要为人师，要做学生的老师，要智慧如泉水一般喷涌而出，思想言行堪为学生的榜样，也就是说，要德才兼备。说起来容易，但要身体力行，真正做到，须自尊自励，严于律己，在提升思想、净化感情上下功夫。"[23]师有种种，有技师、有经师、有法师……因术业有别，他们为人效法之处各有不同，只有通过言行真正影响了人、改变了人、完善了人的那一类师，才当得上人师。

不难发现，于漪的教师观是文化的教师观，是行动的教师观。教师需要不断学习，唯有不断阅读才可能吸收人类文明的精华，才能为学生树立榜样，这当属于漪所说的"学风可师"范畴。教师需要通过文化影响人、感染人，所谓教育，与其说是通过教材、学校，不如说是通过教师才使学生成为社会中有用的一分子，教书是教师的一项基本职责，育人却是教师的根本任务。换言之，学生是通过教师这个中介才得到完善的，这当属于漪说的"师风可学"范畴，因此"教师要怀揣对学生的满腔热情，以自己专业的真本事教出学生

的真本领"[24]。

于漪不仅是这样认识的，也是这样要求自己并为我们做出示范的。她说："我做一辈子教师，一辈子学做教师，一辈子在提升自我、完善自我。一个教师的人格是思想、道德、行为、举止、气质、风度、知识、能力、心理的、生理的众多因素的综合。""教师要教会学生发现时代与社会的亮色，去寻找生活中的真、善、美，帮助学生树立积极的人生价值取向和世界观……我立志做一名'合格'的教师。这'格'的要求很高，它不是用量化来衡量的，而是国家的要求、人民的嘱托。"[25]因此，"教师从教的初心要增强，经验要发展，思想要提升，视野要拓展，方法要创新，简言之，精神要成长"[26]。可以说，这些肺腑之言是于漪职业生涯的真实写照，是以教书不止，修炼不停，诲人不倦，这就不难理解于漪总是反复强调"教师的字典里永远没有一个'够'字"[27]。

四、赋值教育的艺术追求

如前所述，教育表现为一定的过程和程序，但过程和程序并不能反映教育的本质，其原因在于教育是一个赋值的事业，如果缺失了价值，过程便失去了意义。从教者或者对如下这些叙述并不陌生：爱因斯坦说如果一个人忘掉了他在学校里所学到的每一样，那么留下来的就是教育；怀特海说在你丢失你的课本、焚毁你的听课笔记、忘却你为考试而死记的细节以前，你的学习是无用的；于漪也一再强调"教过"不等于"教会"。这些话都表明了一个道理：教育的本质是一种价值实现的过程。通过学习，学生会了、能了、行了、完善了、创造了，教育才实现了自己。这些本是教育理论的核心，原本并不复杂，复杂的是遵循教育理论的创造性实践。因为这个"过程"中影响"价值"的变量过多，从这个意义上来说教育学主要不是书斋里研究的学问，而是在行动和实践中有待探索和创造的艺术。

于漪所论教育确乎多是教育学中的常识。于漪读的是教育学，在教育学没有被搞得很复杂之

于漪老师与学生交流

前，听了刘佛年、曹孚等讲授教育学的课，这是她的幸运；而她的清醒是自觉地把教育学的原理写在师生互动的生命实践中。有人给于漪的语文教学套了一顶高帽子——"情感派"，却未见于漪自我认同。前文已经评述过，于漪未见得有创学派的心思，这是她的人生观和价值观决定的。如果一定要给于漪一个恰当定位的话，于漪的教育实践属于中国学派，于漪的语文教育属于教育学派。这是因为于漪比一般的语文从教者有更清晰的教育价值意识，这种意识不是从"语文界"各种人文论、工具论里冒出来的，而是于漪基于特定国家、特定民族、特定时代、特定学生发展的诉求提出来的，有时这些观点和"语文界"的同行大体相符，有的时候却是泾渭分明。在于漪的内心恐怕没有"语文界"而只有"教育界"，君不见很多时候"占山为王"不也"画地为牢"了吗？为什么杜威一再强调，教育在它自己以外没有目的？于漪是十分自觉地把认识和理解到的教育原理付诸教育实践，而这项实践恰好表现为语文学科。试想，于漪教的不是语文，而是体育、美术会如何？她遵循的第一个原则是什么？一定还是育人。而她

心目中的这个人是什么人呢——中国人。所以说于漪从教追求的是教育学派，于漪探索的教育属于中国学派。什么"著名语文特级教师""著名语文教育专家"，于漪是通过语文在教育人，她从来没有把自己看成是"教语文的"，而是影响人的师者，这是于漪教育实践卓然超群之根本，只是它看上去质朴无华。

如何在教学过程中贯穿教育学原则呢？于漪对于教学实践注重从目标出发，教师头脑中对于要确立的价值必须清晰，对于达成价值的手段应该像水一样明澈，教学最终是以学生身上留下"痕迹"为归宿。"课，须有明确的教学目标"，[28] "课要上得一清如水……一堂课教什么，怎么教，为什么这样教，教师心中须一清二楚。跟着教材转，跟着教学参考'飘'，必'糊'无疑"。[29] 足底无根是谓"飘"，"飘"是对着教材来说的，不研究教材本身，只能跟着教参"飘"，甚至跟着感觉"飘"，最终学生跟着老师一无所获，这是教学过程中应当引以为戒的；表里纠缠或曰"糊"，"糊"是对着教学活动来说的，教师由于缺少真正的目标，以为什么都重要，什么都想教，枝权交错，课堂看似热闹

非凡，实质是没有真正的目标，课就上"糊"了，这是教学大忌。可见，教学活动目标不能失，过程不能糊。于漪对教学的要求突出"明"和"清"，明的就是目标，"教什么""为什么教"，必须了然于胸，也不能什么都想要，"多目标就是无目标"，否则难免沦为"货郎担"而失去目标；清的是过程，"怎么教""如何把握分寸"，不能花哨，必须"一清如水"，否则上课"必糊无疑"。所以，于漪一再强调教学要"强主干，删枝干"，不能眉毛胡子一把抓。于漪当着语文老师的面，向全体老师告白："育人之妙，存乎一心。一个语文教师当自己对教材的深刻理解和育人的崇高职责紧密相碰的时候，课堂上就会闪烁智慧的火花，产生能量，拖动学生思想感情深化，就会延伸扩展到课外，创造出一个个具有独特性的、富有吸引力的教育情境。"[30]这里的存乎一心就是上文的"明"，这里的育人之妙就是上文的"清"。

那么，于漪是怎么看待学科的呢？"任何教学都具有教育性，没有教育性的教学是失掉灵魂的教学，苍白无力。"[31]于漪把教育性的问题提到了教学魂魄的高度来认识，"任何学科的教学之中都蕴含着教学生做人的丰富资源。知识的创建饱含人们追求理想的壮志、不懈奋斗的精神和为人民造福的情怀。且不说人文学科里珍藏的忧患意识、家国情怀、虽九死而不悔的责任担当，就是数理、生化等学科传授的是极为严密的刚性的科学知识也一样。在这些刚性的数字、原理、公式、定律背后，蕴藏着多少敬畏自然、探索奥秘、寻求规律、追求真理的思想道德财富，创造了多少可歌可泣的为科学而献身的事迹。关键在于我们执教者有没有一双慧眼来发现，而能不能发现取决于我们是否牢固树立育人意识，有没有育人的巨大热情"。[32]具体到语文学科，我们都知道于漪一贯坚持人文性和工具性的统一，"早在 20 世纪 80 年代，针对语文学科的特点，我就提出'熔知识传授、能力培养、智力发展、思想情操陶冶于一炉'的教学观"[33]。于漪指出："抽去内容光讲技巧，把原先浑然天成、有血有肉的文章，变成鸡零狗碎、毫无生气的东西，怎么能让学生学到作文的真本领呢？学语文就是学做人。"[34]

不难发现，上述于漪的认识与赫尔巴特提出的教育性教学，与杜威所说的教学活动的两端是从知识到学生、教育就是经验的改造和重组完全一致，而于漪是通过紧扣教学环节来落实和体现的。可以说，于漪先于佐藤学切入教育的内里做出了卓有成效的探索。

诚然，教育实践要比教育学原理来得复杂得多，要花更多的功夫。于漪很清楚，"学校里最难的是上课，上一节两节好课是不稀奇的，每堂课都上得学生学有兴趣、学有所得、学有追求、学有方向，这不仅是科学，而且是艺术。它不是雕虫小技，而是用生命在歌唱"。[35]她借喝牛奶作比喻："人要有营养才喝牛奶，喝牛奶目的是营养身体、滋养身体，绝对不是为了要变成牛。"[36]"课堂，不是教师一个人的生命活动，而是以教师的生命激发孩子的生命活力，让孩子一起动起来。春风化雨，生意益然。"[37]因此于漪提出，"要研究学的方法，教法和学法相互沟通就能够教在点子上"，[38]"课要上得立体化，使思想、知识、能力、智力融为一体，发挥多功能的作用，课前须精心设计，须把教材的逻辑结构和教学过程的程序结合起来，探索最佳结合点"。[39]"只有知之准、识之深，才能教到点子上。"[40]杜威曾经提出："教师在教育事业中的任务在于提供刺激学生的反应和指导学生学习过程的环境。……教师不应注意教材本身，而应注意教材和学生当前的需要和能力之间的相互作用。……教学的问题在于使学生的经验不断向专家所已知的东西前进。"[41]于漪对这些认识是有深刻把握的，因此才提出教学活动应注重教材的逻辑结构与认知的心理结构的有机衔接。"师教之功在于启发点拨，让学生开窍，课堂绝对不是教师传递知识的场所，而是教师引导学生学习知识、提高能力的场所。"[42]

于漪不仅是这么认识的，更是身体力行地对自己的教学进行严格规范，在数十年的教学过程中，留下了上百本数千万字的备课和教学笔记，深入钻研教材，深入了解学生。于漪留下的这些成果为什么受到老师们欢迎？于漪上过的那些课为什么被师生们记诵？这背后反映出教育活动的一些典型特征：教育有原则、教学无规定，教学大体则有、定体则无，教育原理不复杂、教育实践太复杂。至于好"研究"者把明了的教育原理再度搞得极其复杂而令从教的基层老师不知所措，那实在不是研究者的"迷茫"[43]，而是施教者的糊涂。教育中有科学的因素，但是教育本身并不是经典意义上的科学；教育可以总结原理，却没有可遵行的定理。这或许是如今的教育学新论盛行，而教育实践却愈见贫乏的原因。

于漪的可贵之处是在众人习以为常、安然若素之处发现问题，出声棒喝，"育人育分"是这样，"立根树魂"是这样，"教一辈子，学一辈子"是这样，"事业、私业"是这样，"教过、教会"也是这样。于漪注意到教师为"教"而"教"的现象比较严重，一再强调"教"不是统治"学"，也不是代替学生去"学"。借着反思，于漪发出了这样的告诫："课终人散，只要稍加思考，若有所失的感觉就会升腾而起：学生学到了什么？好像学，又好像没有学，花里胡哨一阵，没在脑子里留下多少痕迹……于是，课就成了货郎担，什么货物都有，多目标成了无目标。"[44] "这堂课学生学到东西没有？思想感情受到熏陶没有？价值观受到影响没有？这是影响学生生命质量的……教师教的是语言，你给学生的不仅是语言的掌握，而且是灵魂的震撼，是人文。人文和工具是一个事物的两面。"[45] "教育教学的出发点和归宿点是学生……课如果只教在课堂上，就会随着教师声波的消失而销声匿迹；课要教到学生身上，教到学生心中，成为他们素质的一部分。"[46] 于漪很清楚，这么说并不是靠一次完美的教学设计就可以完成育人的问题，"教学不是一次完成，它有连续性、阶段性、层次性、反复性"。[47] 在这里于漪实际上触及了教育学中间最根本的命题——教养，即化应然的知识和技能为学生实然具有的品质。

如何看待论者所提出的于漪身上"情感"的问题呢？我们知道，教学活动的一端是教材，其背后隐藏着特定的价值；教学活动的另一端是学生，其处境因自身缺少价值而尚不足以在社会中自立。试问，如果教材背后的价值进不到学生身上，教育还有意义吗？而联系教学活动两端的，就是教师。或有疑问，修道、参禅、像苏格拉底似的静默沉思，不也能触及价值吗？事实上，自我审视与悟道不是教育所要排斥的，恰恰是教育试图引导的一个结果，这就是"授人以渔"，而教育所着力展开的是在似懂非懂、欲知无知、欲罢不能、欲走还留之际的创造，所谓"愤悱"之困与"启发"之妙之间的艺术。正是深悟此道，于漪的教育实践确乎重视情感，她在教育教学活动中由衷地表达着自己的情感，并因此收获了学生成长的累累硕果。她看得很清楚，情感是走近学生进而实现价值影响的重要途径，教师既因为教材也因为学生而存在，而让"死"的教材走进"活"的学生的重要通道便是情感。

教育中的情感最容易被理解的就是老师对学生的呵护和关爱，这是从教者容易理解和做到的，也是于漪为我们做过很多示范的。最难、也是没有止境的，是教学过程中教师对学生认知处境的同情和理解，这是古今中外教育家们反复提到的教育是艺术的道理所在，也是从不复杂的教育学进入极其复杂的教育实践的原因所在，恐怕也是于漪一再强调的"一辈子学做教师"的真谛所在。"不知道"是学生的一面；而另一面是他们"进入课堂"了。"不知""不会"而又"想知""想会"正是学生的特点，教师需要的就是准确地把握"这一个""那一个"，"什么地方""哪里""如何不能"的原因，试问没有"同情"何来钥匙？

"让学生对课堂生活产生持久的魅力，首先在于教师对生活有执着的追求，在课中倾注自己的爱。""和爱同样分量的另一个字是'心'。用心去教学生，这也是我的教育信念。课堂生活其实就是师生间的心的沟通，情的交流。不达到心心相印的程度，是教不好学生的。"[48] 于漪通过表达自己的信念向我们道出了教学成功的秘诀：师生之间心心相印，情情相连。很多老师总认为自己"教过"就算完成任务了，殊不知依然有不少学生"不会"，"教过"不等于"教会"，这是于漪经常挂在嘴边的话。怎样才能做到"教会"呢？这就涉及认知的心理逻辑，于漪以自己的不懈探索向我们表明，情—心—爱，三者构成教育教学过程中心理逻辑的核心。

当然，这样的老师多会表现得比较全面，也容易受到学生欢迎，于漪对此是深有体会的："大部分学生都崇拜'什么都懂，什么都会'的教师，教师知识的广博对学生具有感染和教育功能。""课要教得精彩纷呈，美不胜收，不仅让学生有所得，而且要有'如坐春风'的感受，教师就必须对所教学科的基础知识与技能有广泛深刻的理解，熟悉与该学科相关的知识背景材料，了解本学科产生和发展的历史脉络及将来的发展趋势，只有在这方面真正做到行家里手，教学生时才能要言不烦，一语中的，才能居高临下，左右逢源，激发学生强烈的求知欲望。"[49]笔者一直坚持教师就是杂家的观点，提出杂的过程就是教师专的进程，[50]唯有这样的认识需要经年累月的修行。正是在这个方面，于漪提出了"教一辈子，学一辈子"，并且又一次为我们做出了示范："教师身上要有时代的年轮，努力学习，不断提高认识，学会站在教育战略的制高点上思考一些问题，探索教育教学规律，跟着时代奋勇前进。"[51]

悄悄重复一遍，教育中的情感是一名教师走向专业的秘诀。

五、师行如歌

会教书，终究只是一位教书先生。一名真正的师者，是通过言传身教，使学生耳濡目染，如沐春风，进而变"知道"为"教养"。于漪从教逾一甲子，是其由"心向往之"到"起而行之"而至"身而范之"的自觉追求过程，向我们展示了"智如泉源，行可以为表仪者"的当代形象。有人说，一个人做一件好事不难，难的是一辈子做好事。相应地，一个艺人有一次精彩的表演不难，但一辈子都能有最好的表演，那是把表演化进了生命，是用生命在表演，他就是一名艺术家；一名老师上好一堂课不难，但以自己的言行一辈子都

让学生效法，他就是一位师者。师者于漪，实至名归。

于漪任教学科是语文，但是她从来不认为自己是"教语文"的——"如果有人问我在语文教学实践中最主要的体会是什么，我的回答是：既教文，又教人"[52]，"真正的教育，就是培养人、牵引人的灵魂，提升到真善美的境界……个人价值一定要和社会价值统一"[53]。语文，既包含对语和文两种表达形式的理解和运用能力，还包含语和文背后透着的思想、观念与价值。语文学习是针对上述两方面的全部，显然要引导学生真正学好语文光靠课堂上、教材中的学习和训练是远远不够的，好的语文老师不仅善于在课堂上营造学习氛围，还会通过言传身教感染学生。于漪说得明白："三流化妆是脸上的化妆，二流化妆是精神的化妆；我们要的是一流的化妆，是生命的化妆。我就是语文，我和语文是融为一体的，要全身心地投入语文的教学中，不要涂脂抹粉，满足于三流化妆。"[54]这里的"化妆"作中性词理解，与前述"表演"属同一范畴。我们平日里见识的公开课、大奖赛多是"脸上的化妆"；在一些优秀教师的随笔和杂集中，我们也可以见识到一些"精神的化妆"的教学片段。于漪强调的化妆是生命的化妆，"我就是语文，我和语文是融为一体的"。这种一体首先是对语文教材的准确把握，知道"材料"的文体"价值"在哪里，明白文体背后所应传递的思想"价值"是什么。其次是教学活动的"媒介"如何与这些"价值"相一致。很难想象，一个语文老师教的是"典雅之文"，用的是"烂俗之语"，会使学生收获何种品质的语言文化水平。于漪认识到，教学用语出现的问题"有多种多样的原因，而社会上语言的失范折射到学校教育中，是重要原因之一"。"一种是语言的膨胀症。说大话，夸大其词，以求博得轰动效应。"[55]这是于漪"生命的化妆"意义上的反思，语言的膨胀其实是做人的膨胀，这既是社会环境使然，也是个人社会形象的反映。不要"说大话"，不要"夸大其词"，不要"博轰动效应"，一个人可以修炼到这样的境界"不亦君子乎"？一名教书的人

"化妆"到这样的程度,自然化为师者。忍不住多说一句,许多老师一辈子只知道成为一个好的学科老师,殊不知真正的老师是不会止步于学科的,分科教育本来就是制度化教育的产物。在今天我们既要学会通过学科去有效影响学生,又要走出学科去引导学生效法,一如于漪。技巧可以"偷师",品格端赖"效法"。

遂此,于漪强调:"教育人使用的语言,应当是艺术的语言。"[56] "教学用语里既要有经过锤炼的活泼的口语,又要有优美严谨的书面语言,有文化含量",[57] "应言之有物,言之有理,言之有序,言之有情,言之有文,悦耳动听,如潺潺溪流、叮咚泉水,伴随着知识传授、能力培养、情感熏陶渗入学生心田,滋养学生成长"。[58] 这样的境界何其不易,非经年累月的修炼难以达成。于漪对自己提出的挑战是——"出口成章,下笔成文"。为了规范自己的教学语言,她把上课的每一句话都写下来,删掉所有的废话,再把它们背下来,每天在去学校的途中反复操练,这一举动在于漪职业生涯中仅仅是一个小片段,却让我们今天得以领略一位身心洁净、文体雅致的师者形象。至于于漪所付出的努力,我们可以从几十卷的于漪全集里充分体会。还可一提的是,于漪所著的《岁月如歌》一书全部用手稿写成,十多万字一气呵成竟无涂抹删改,字体清秀端庄,出版社觉得难以割舍还专门出版了一个影印版,师者之风范可见一斑。

"做教师就要身处繁华闹市,心中田野芬芳。"这是于漪的一句名言,讲得斯文含蓄,听懂难免脊梁冒汗。对世人来说,闹市繁华却也俗欲滋生,唯为人师者如果心中不"芬芳",没有对真善美的执着,便不可能将应有的"价值"传递给学生。我们知道课堂上有多少教师可以侃侃而谈,肆意挥洒,其演说口才令学生痴迷,但那些言辞是表演给人听的看的,生活中的他们从不掩饰对名利的贪婪与苟且,这样的在中小学有,大学也不少。授课与道德分离,可以教好学生吗?担得起"师"名吗?于漪不是没有遇到世俗利益的问题,"夫物之感人无穷,而人之好恶无节,则是物至而人化物也"。物质的诱惑无穷,如果一个人经不住这样的诱惑,对物的追求没有节制,那他就把自己变成了物。对此于漪用了一个词语——"铭刻在心",告诫自己"在金钱至上、物欲横流的大潮中更须以此为警"[59]。这就为自己在灵魂中设定了为人处世的一道底线,建立了孔子所说的"所以、所由、所安"的精神支柱。"人一辈子都活在价值取向的选择之中,要学会自觉地选择,明智地放弃,中国优秀、卓越的知识分子'为天地立心,为生民立命,为往圣继绝学,为万世开太平'的对社会、对国家的担当意识是我们的榜样。"[60] 没错,于漪从中国传统知识人身上汲取了精神养料,进而转化为自己不懈的努力。"完美的人格、渊博的学识,也是一辈子不断地追求、不断地修养自己的结果。"

这种执念的背后,于漪不是看得淡而是想得透:"读书学习的意志、毅力从何而来?对教学业务刻苦钻研的持久力从何而来?我认为关键在于内心的深度觉醒。教师从事的是塑造灵魂、塑造生命、塑造人的工作,一个肩膀挑着学生的现在,一个肩膀挑着国家的未来,千钧重担!"[61] "铁肩担道义,妙手著文章"这些文字对于一个受过高等教育的人来说不会陌生,但是很少有人认真想过一个教师的"道义"如何表现,觉醒的于漪给了我们一个响亮的回答:一个肩膀挑着学生的现在,一个肩膀挑着国家的未来。"教师内心的深度觉醒是什么意思呢?我为什么说一辈子在学做教师呢?我就是一直处在这样的觉醒过程中。我体会到当教师把个人的前途命运与祖国的前途命运紧密地联系在一起的时候,人就会变得聪明,就会站在比较高的地方思考问题,而且心中总是有一团火,能有旺盛的经久不衰的内驱力。我这个老教师梦寐以求的就是国家的伟大振兴,而要伟大振兴,最重要的就是人才辈出。"

说这些是于漪把"课要教到学生的身上、心中,成为他们生命的一部分"的精神动力也好,说这些是于漪的师爱也罢,都符合事实。教师的工作少有轰轰烈烈,多的是平凡中的琐碎和繁杂,教师的角色形象、职业情感最终是通过教师的职业行为来表现的。于漪自己说过:"师爱是超过亲子之爱的。这个道理不是写在纸上、说在嘴上的，真懂，要用自己的言行来实践……国家把希望交给我们，家庭的希望也在孩子身上，因此，老师对学生要满腔热情满腔爱，做到师爱荡漾。"[62] 正是怀着这样的认识，于漪可以做到"一把尺子量别人的长处，真心实意，虚心求教；一把尺子专门量自己的不足，查找自己教课的差错、缺点、不足，每节课写教后心得"[63]。

关于"于漪"和"师者"的赘议，终于要打住。笔者不由得自问：是于漪成就了"教师"呢，还是"教师"成就了于漪？回答有点难。说于漪成就了教师，那是因为她让今天的我们领略了一位时代的师者风貌；说教师成就了于漪，则是因为于漪全身心地把自己化到了为师的身份中，"师"所蕴含的社会、文化成分渐渐被于漪所内化，最终成就了我们这个时代一位名实相符的、鲜活的师者。诚不知这样的解读是否是于漪自传性质的《岁月如歌》书名的底里？

参考文献：

[1][9][12] 于漪.立德·立业·立人 [J].上海教育，2012(9).

[2][3][16][26] 于漪.教育：直面时代的叩问 [M].上海：上海教育出版社，2017.

[4][34] 于漪.于漪文集：第 1 卷 [M].济南：山东教育出版社，2001.

[5][14][15][37][42] 于漪.于漪新世纪教育论丛 [M].南宁：广西教育出版社，2008.

[6][8][11][31] 于漪.椎心的忧思，竭诚的期望（上）[J].未来教育家，2013(5).

[7] 沈祖芸.一辈子学做教师的于漪 [J].上海教育，2009(15).

[10] 于漪.以教育自信创建自信的教育 [J].上海教育，2017(10).

[13][52][62] 于漪.于漪文集：第 6 卷 [M].济南：山东教育出版社，2001.

[17] 于漪.培养有中国心的现代文明人 [J].语文教学通讯·D 刊（学术刊），2011(10).

[18] 于漪.育德：滴灌生命之魂 [M].上海：上海教育出版社，2017.

[19][20][24] 于漪.寻找教师之根 [N].中国教育报，2013-09-02(009).

[21] 于漪.每一节课都会影响学生的生命质量 [J].江西教育，2014(26).

[22][23] 于漪.志存高远，守护教育者的尊严 [N].中国教育报，2007-09-23(001).

[25][30][33][48] 于漪.于漪与教育教学求索 [M].北京：北京师范大学出版社，2006.

[27] 于漪.让生命与使命结伴同行 [J].教师博览，2003(2).

[28][44][47] 于漪.语文课堂教学有效性浅探 [J].课程·教材·教法，2009，29(6).

[29] 于漪.语文教师的使命 [J].全球教育展望，2008(4).

[32] 于漪.心存敬畏，回归教学本原 [J].思想理论教育，2013(4).

[35][36][45] 于漪.语文三十年岁月不寻常——于漪先生在全国中语会第九届年会上的讲话 [J].语文教学研究，2009(3).

[38][53] 于漪.课堂教学三个维度的落实与交融 [J].中学语文教学，2004(1).

[39] 于漪.语文课堂教学效率论 [J].中华活页文选：教师，2009(2).

[40][46][51][57][63] 于漪.教海泛舟，学做人师 [J].人民教育，2010(17).

[41][美] 杜威.民主主义与教育 [M].王承绪，译.北京：人民教育出版社，1990.

[43] 陈桂生.教育学的迷惘与迷惘的教育学——建国以后教育学发展道路侧面剪影 [J].华东师范大学学报（教育科学版），1989(3).

[49] 于漪.学习做教师的真本领 [J].上海师资培训通讯，2001(2).

[50] 吴国平，周增为.迎接教师的年代 [J].上海教育，2019(3).

[54] 于漪.语文教师必须有教学自信力 [J].语文学习，2010(1).

[55][56][58] 于漪.语文的尊严 [M].太原：山西教育出版社，2014.

[59] 于漪.我们这支队伍，这些人 [J].中国德育，2012(16).

[60][61] 于漪.用精神的成长创造使命的精彩 [J].人民教育，2014(21).

Teacher YU YI

WU Guoping

（College of Education, Shanghai Normal University, Shanghai 200234, China）

Abstract: In Chinese, the original meaning of "teacher" is "emulation" and "person worthy of emulation" . The one who teaches is not necessarily a teacher, but the teachers become what they are by teaching. Yu Yi has been teaching for more than 60 years. In the long process of teaching and education, she has been adhered to "wisdom is like a spring, and behavior can be an instrument" , and has eventually become a model for a generation of teachers. As a teacher, Yu Yi began from "cultivating person" , demonstrated and shaped "a straight Chinese" . Based on this, she constructed her educational cognition and a teacher's perspective , and then successfully endowed education practice with value. Yu Yi wholeheartedly devoted herself to the status of teacher, and gradually internalized the social and cultural elements of "teacher" in mind, which finally made her a distinguished educator of our times who deserved the name.

Key words: Educators, Educational Cognition, Teacher Status

（责任编辑：袁玲　景超）

师的力量——让学习者更有价值

高国希[1]　周增为[2]

（1. 复旦大学高等教育研究所　上海　200433；

2. 上海市师资培训中心　上海　200234）

[摘　要]　教师作为一种社会职业，有其特定的职业要求。与其他服务类职业不同，教师的职业既有确定的标准规范，又有发展的专业指针。教师的"传道、授业、解惑"在当代如何实现？教育的根本任务在于立德树人，要面向现代化、面向世界、面向未来。今天的学校教育要思考一个深刻的问题：什么是面向未来的最有价值的知识？这并非只是哲学家需要思考的问题，也是教师职业的基本问题。所谓师的力量，是通过授业，超越知识自身的力量，达及塑造人格、净化灵魂的力量。很多品质不是直接的狭义的"知识"，但能赋予"知识"更多真正的价值。在技术时代，教师的使命是让教与学的人更有价值。

[关键词]　教师　专业标准　道德标准　伦理实践

一、如何看待今天的"师"

教师是人类发展进程中最具显著性的文化身份。作为一个抽象的独立身份，从古至今，无论东西，教师都获得推崇与尊敬。不同的历史学家描绘了不同立场的人类文明历程，都同时记录了人类在进化过程中接受教化、形成教养的教育行为。显性的人类进步史其实是一部人类教育史。人类的优秀文明成就不仅表现在"世界的祛魅"社会进步中，还体现在"已欲立而立人，已欲达而达人"的优秀思想上，而这一切都通过教师传递。历史不会让教师缺位，甚至可以说，任何时代的进步与发展的程度几乎都可以在教师的存在状态上得以反映。同样，教师的学识与境界会影响一代代人的精神与信仰，甚至影响未来社会的发展走向。

从教师"天地君亲师"的地位到"传道、授业、解惑"的责任，再到习近平总书记提出的教师要成为"四个引路人"的目标要求，教师并不代表一种单一的社会职业，而是一种特定的知识分子的身份认定和其背后的某种文化地位。这种身份认定超越一般意义的职业边界，是几千年来一脉相承的文化秩序的象征。尊师，既是伦理观，又是政治观。一方面，对教师的尊重已成为社会普遍意识；另一方面，尊师成为任何时代社会治理中的重要内容。尽管时代不同，但"师"所承载的责任从未被否定。

作者简介：高国希，复旦大学高等教育研究所所长，教授，主要从事思想政治教育、德性伦理学、品德教育研究。

周增为，上海市师资培训中心主任，上海市特级教师，中学正高级教师，主要从事基础教育研究。

不同地区、不同文化的"教师"职业表现各不相同，但却是一个被公认为抽离具象化形态的知识分子群体，拥有一定的文化地位，其内隐特征蕴含着浓厚的"士大夫"精神，外显方式则是一种对"文以载道"的转化与创新。

从功能上看，教师不是文化内容的单调搬运者，更不是复读机一般的简单复述者，而是通过自身实践体验，感受、领悟并承担文化的阐释与转译功能。当代作家王小波曾说，最好的中文是翻译家创造的。此观点在一定程度上揭示了文化转译的基础与依据——基于主体理解的重构。翻译家与教师的相似性在于两者都需要经历主体作用于客体的内化过程，阐释与转译能力是教师作为教育主体的专业要求，阐释与转译的基本前提是理解；两者客体不同，前者是对文化的深度理解，后者除了对文化本身的理解，还要带有对受教育者深刻的认知与情感。教师在实践中，不仅以传递文化为目标，还要建构起个体成长与文化间的关联，既要恪守传统的文化准则，又要遵从现实的发展规律，引导受教育者在真实生活中重构文化环境。

与翻译家等职业相比，教师的作用对象更丰富、更广泛。除了内容与对象本身，还要反思自身行为，"行有不得，反求诸己"是教师所践行的文化创新的伦理基础。教师要指导他人掌握坚持与摒弃的原则，必须拥有自我分辨力与约束力。"君子求诸己"，教师应具有君子品行，这是一直以来教师作为社会职业的基本要求，既要达到专业标准，又要恪守道德标准。站在认识深化的角度，专业标准与道德标准在本质上是一致的。

随着人的变化发展，教师功能有了颠覆性的改变，其专业内涵从以传授知识为重点逐步转向以支持人的成长为核心。由此，教师的专业标准包括了教师对人的发展的全部维度的研究、支持与引导的培养要求，而这个过程必定包含教师的学习、实践、反思并再学习的自律行为，是自觉思考、形成判断的思想形成过程，"知识分子的思考力与判断力使得他们代表最好的思考，并使之广为流传"[1]。这是一种专业的道德责任和表现，使教师不同于一般的职业，能够帮助未来的创造者担起薪火传递的责任，陪伴更多的人净化灵魂，珍视过去，开创未来。由此，对国家与社会而言，师者，是指导者，也是引路人，这便是今天需要形成的具有共识的师者范畴。尊师，不仅是文化标识，还是国家责任，更是一种指向未来的价值。

二、当前教师面临的挑战

人类已不可避免地进入一个被技术牵引着快速奔跑的时代。这种快速使教师作为产业经济背景下的一种职业身份受到严重挑战，教师比任何时候都面临"困惑的现实与现实的困惑"。人类已经完全到了人机互动时代，机器成了人的部分延伸，但我们的学校却在犹豫不决，是否要把具有智能功能的机器从教育环境中移走。学校教育究竟需要解决什么问题？这是今天的教师面临的巨大挑战。这种挑战被标记为多重不确定，包括专业的不确定与身份的不确定。

第一，不确定什么是当前有用的知识。教师对各自学科领域专业知识变化发展的感知变得模糊甚至陌生。除了教材内容之外，很多教师对本学科所涉及的知识前沿性与交叉性发展了解甚少，虽每天被裹挟在巨量信息中，但有效的知识关联力逐步减小。

第二，不确定如何作合理的价值取舍。作为消费者，教师接受了各种新的生活方式和消费工具，但对各种生活方式和消费需求缺少清晰的判断和决断力。一方面，教师被物欲主导的各种现象与问题所困扰；另一方面，教师不可推卸地承担着教育引导责任，两者形成价值对抗。

第三，不确定什么是真正的学生发展。20世纪末，联合国教科文组织发布报告告诫教育不能从数量上满足那种无止境的"知识和技能"需求，教育将要"为信息的流通、储存和传播带来前所未有的手段"……并进一步提出教育的功能："培养人具有适应变革的能力，使之在自己的一生中能够抓住和利用各种机会，去更新深化和进一步充实最初获得的知识。"[2]2016年，中国发布了学生发展核心素养的研究成果，同时国家的各科课程标准也研制了各学科核心素养。对很多教师而言,如何将学科学习与学生未来生活相结合,如何改革传统的教学理念与方法以便将素养的培育要求融入学科教学中,如何培养适应变革的能力,都无法预测。

第四,不确定教师职业的未来预期性。从20世纪计算机技术普及开始,到当前人工智能逐步兴起,教师职业始终受到威胁。确实,按照传统的教学模式,很多地区已尝试并证实机器能够代替教师的教学。有意思的是,在教师职业是否可以被机器取代的问题上,绝大多数教师几乎都持否定的态度。但事实上,机器能够取代的恰恰是这些教师的日常教学工作。在一定的场景下,机器还做到了教师无法在班级授课制中实现的一对一的互动。

这似乎构成了悖论,教师的专业地位因不确定性受到挑战。从国家战略与民族文化角度来看,教师又需要得到全社会的关注与尊重。事实上,两者的背离恰恰反映了今天的教育亟须发现并研究原点问题。教师是教育的原点问题,没有教师就没有教育。当下教师所遭遇的一系列问题与挑战是技术的挑战,工具改变了教师职业的存在方式,但技术与工具都无法撼动人类需要教育这一事实。只要有教育,教师便是必然的存在。当下教师所有的彷徨与不确定,只是一种技术时代的工具性困扰,是处在面对过去与面向未来的中间地带上,对他们明天所面临的瞬息变化所具有的不知所措与盲目对应。这是一种机械性的反应,教师一方面作为生存者,每天被涌动的潮流裹挟前行,这是被动的前行,几乎不带有任何的思考;而另一方面,教师又带着某种职业的使命,还有一定的专业标准,让他们要顾及另一个群体。这就往往会出现这样的结果:当教师以自己全部的适应力迁移至学生群体时,往往不能同时兼顾各种差异——学生与成人、学生与知识、学生与信息、学生与学生、学生与社会等。教师以学业标准作为专业依据,以至于教师的责任负得越多,越秉持统一标准,越带来与预期目标不同的结果。

教师面临的不确定性让教师的身份受到质疑,但这不是教师需要消失的理由。作为职业身份的

教师功能被机器取代是社会发展的必然结果。人类的伟大之处是能够创造解放自身劳役的工具,凡能设标准、程序、规范的劳动技能,人类都能通过制造工具以取代劳工,以此得到人的身心解放。但是,这也是人类的某种危险之源,人类越赋予机器功能,最终越受制于自己构建的机器体系,使自己处于危险的境地。霍金曾警告:"人工智能也有可能是人类文明史的终结,除非我们学会如何避免危险。"避免危险是手段,目的是人类不能把自己的文明史毁掉。霍金警告的逻辑起点是人工智能首先是人类创造的文明成果,因此才有可能成为人类文明的终结。如何避免危险?显然,人们不能指望再创生一种新的机器智能去遏制人工智能可能发生的危险。尽管人类最终可以让机器变得像人一样有反应、有记忆、能互动,甚至情绪化,但所有的一切,无非靠人把预想变成标准,通过程序把标准刻入机器,并让更多的人学习、掌握、应用。与其说人控制机器,不如说是机器在一步一步地把人变成有程序的操作动物。

由此可见,真正能够带领人类避免危险的不是人类创造的各种工具,而是人的理性精神与反思能力。这是人类的自我救赎,是避免危险的路径。但人并没有与生俱来的反思与救赎能力,需要被引导、被教化,这个过程便是教育,是从小开始需要养成的独立思维、反思精神。而这一切,都需要教师的设计与引导。在这一意义上,教师是教育的原点问题,教师的专业化不是让教师拥有超越机器的能力,今天的教师无须做知识的记忆者与搬运者,而是对人的无限自我挑战能力的冷静判断和情感关怀。真正的教师不是面对生存环境的机械反应者,也不是随波逐流的被动前行者,更不是新技术的盲目追随者。教师要有足够的分析与判断知识的智慧与能力,能帮助教师清晰地建立知识与人的关联,能判断什么样的知识是有用的,能对受教育者未来前行之路有洞察与预见。今天的师道是全社会都需要思考如何通过教师让人类的文明延续,让人类的文化续写。这是国家所需要的教师,也是教师存在的意义。

三、教师，让知识更有价值

一个半世纪前，当时的激进主义思想家对教育的理解是建立在"什么知识最有价值"的基础上，提出教育应为今后的生活做准备，把知识作为支持未来生活的直接工具。学者们站在社会达尔文主义立场倡导通过教育掌握知识，掌握科学，把知识训练作为教育的重要内容与价值。这些教育价值观对人类后续一百多年的产业发展产生了巨大的影响力和推动力，教育为经济服务，教育为人的圆满生活能力服务，已经成为大众的教育共识。人们不再作"教育是否创造价值"这样的讨论，而是充分相信知识带来财富、知识改变命运，而载体是教育。教育从原来达官家庭的权利变成了所有阶层人群的追求，尤其进入 20 世纪后期，人们对教育的预期超过了以往任何时候，贫困家庭希望通过教育改变命运，精英家庭希望通过教育实现一代一代精英的延续。学校教育成为教育的主要形态，逐步成为社会产业的重要构成，各国家或地区尽管制度、意识形态以及文化背景各有差异，但都把办好学校视为重要的职能。由此，经济发展到一定程度，教育一定被作为重要的社会事业指标，以衡量一个国家或地区的综合实力。这个过程是社会发展的逻辑，或者直接地说，是经济发展的逻辑。今天对教育的研究，不能只用增长型的数据来验证教育的质量。作为社会科学的构成领域，教育需要更多的哲学家、伦理学家、社会学家共同合作，寻找教育发展对于人类的真正价值和意义。

如果一个多世纪前的人类认识到知识能改变未来生活，那么应该承认，这是当时社会学家所坚持的理性带来的贡献。一百多年来，人类借助知识的力量，创造了各种奇迹，尽管代价很大，但都逐步实现了人类的梦想。人类进入 21 世纪，应比过去任何时候都要清醒地认识到什么是人类进一步发展的基础和核心。和过去的发展模式相比，人类的生产与生活方式有了颠覆性的改变。随着互联网的普及，今天的人类关系也变得更加丰富与复杂。竞争依然是人类存在与发展的重要方式，只是

和过去不同，现代人需要考虑的是未来的竞争的存在形态以及支持竞争的核心要素。"有学习能力、有适应能力、适宜未来的结构，是以多样性、不集中、混合、竞争和灵活合作为特征，是下个世纪经济和政治成功的绝对性因素。"[3] 尽管政治学家与经济学家总站在政治与经济角度思考问题，但这确实意味着人类认识在不断进步和发展，人类能主动反思，把知识发展和人的发展结合，形成人类独有的生存理论，并以此作为新的学习内容。今天的教育要在这样的理解中思考责任，建立教育的即时性实践与未来性收益的关系，家庭、学校、企业、社会等有无法剥离的责任。

值得关注的是，当前全球有影响力的知名企业都愿意把企业制胜的原因归于企业的核心价值。很多在市场上站得稳、走得久远的企业，尽管各自占据的领域不同、生产方式不同、资源条件不同，但在企业核心价值的理解上会有很多共同性的认识，甚至在很多具体的管理规范与要求上有高度一致性的表现。好的企业有基本的道德标准，不会允许员工通过不当的销售方法去获得利润。同样，也不会用充满"诈术""计谋"等伪创新内容的课程培训员工，他们看中员工与客户的诚信度，看中双方在市场利益的博弈中所能坚持"公正、公平、互利"的最大值。

由此，今天的学校教育要思考一个深刻的问题：什么是面向未来的最有价值的知识？这并非只是哲学家们需要思考的问题，也是教师这个职业的基本问题。面向未来的最有价值的知识，也许不再是为了满足人类的永无止境的需要，而不断构建起的进一步挑战自然、解锁自然的各类新成果。真正有价值的知识，应当是人类对愈来愈强的战胜自然的无限能力的反思，是对未来人类所应具有的存在方式的重新设计，是对人类更好生活的秩序界定，更是一种包含了精神品质与智慧的崭新道德力量。"高贵，是从自我牺牲、勇气以及对自己对社会的一种始终如一的责任感当中产生和发展起来的。它期待着对自己的应有的尊重，但也对他人表现出同样自然的尊重……"[4] 它包括建立在诚信基础上的公平、在道义基础上的公正、在理性基础上的善

良、在自觉基础上的自律、在主动基础上的负责以及在忠诚基础上的信念。

这些品质不是直接的知识，但能让知识变得更有真正的价值。好的品质是需要学习与培养的。在此过程中，这些品质能帮助人逐步地建构新的人际关系，能判断知识与技能的使用范围，能分辨什么样的知识与技能最有价值，哪些能用，哪些不能用，哪些是人类必须永远持有的，哪些是必须辐射到全部生命体系的。

"我们面临着人类各社会都关注的根本性的伦理问题，而且不论是革新的还是革命的政治都试图处理伦理问题：我们能否改善人类关系，即个人、社会和他们之间的关联。"[5]值得庆幸的是，人类毕竟是思想着的动物，当人类社会在前行中频频出现各种问题时，总会有头脑清醒者去寻找真正的出路，伦理不是"学术的学术"，应是"致用的学问"。人类在政治、经济、社会治理中出现的种种问题，需要从人性的角度，从秩序的角度，从规范的角度平等讨论，共同商议。但这一切并不是要等到人类需要"致用"才开始发现问题，而需要从人有认知能力开始使其深化意识，提升能力，形成人类特有的表征，一代一代地传承。人类的一切伦理规范与秩序，是教育的基础内容；伦理应作为学校关键的学习内容，渗透于每一个学科中，这是支持所有学科核心素养的基础。当教师对这些有深刻的洞察与理解，那当代的师道便能作为人类精神的依托，成为人类发展的灵魂依靠。

四、教育是伦理的实践活动

"道德不是思想观念，而必须见之于实际行动。"[6]学校教育体系与架构是建立在一定教育理论与实践基础上的范式，教师是建立两者的主要关联人。"一方是成长中的个人，另一方是社会的、智慧的和道德的价值，教师要负责把由他启蒙的那个个体带进这些价值中。"[7]当前教育的理想存在状态应是一种迫不得已的"倒逼"，教育无法等到完美的社会出现，才去指导人类快速奔跑的方向和价值。教育一边作为人类快速发展的助推器，一边又

在不断矫正固有的规则，建构新的秩序。对学校教育而言，这是一个难度极高的挑战，一切固有规则的改善、新秩序的建立，不是靠知识体系的更新能够实现，而是一个价值重构的过程，需要对未来有足够预见的智慧，而这份期待和压力，便是今天教师所需要的责任和能力。

当前教育改革的重任转移到教师身上，一些改革创新的典范已经提出了"让学生为人生的下一阶段做好准备"。与过去的"为美好生活做准备"相比，人类已经比过去更冷静、更客观。"美好生活"不再是纯物欲主义的追求；对"为下一阶段做准备"，也仅仅是小心谨慎的物理时空概念，而不具有任何描述性的期待。"下一阶段"也许是美好的，也许是苦楚的，无论未来如何，都需要今天做尽可能的预期和准备，这就是今天教师的责任。教师要能够判断，这种准备包括什么？如何转译成今天的教育内容？"学会包容、理解、了解差异和不同。探索和欣赏每一种文化……理解每个人都很重要……"[8]这些教育内容，将伴随着教师的知识学习、信息应用、人际互动等真实实践。

确实，当下有一批有见识的教育研究者已经洞察这些问题，虽然"好老师的定义在变"这个判断已成为很多人的共识，但什么是"好老师"依然是当前教育变革中最具困惑的问题。

"好老师"属于伦理范畴，也属于专业范畴，两者逻辑一致。所谓重新定义"好老师"，本质上是建立教师的伦理属性与专业属性的关联，并寻求其中的一致性。

作为伦理范畴，教师应思考教学是一种怎样的关系。任何关系都有基础的结构。当代物理学家理查德·费曼说过，要是你不得不把科学史压缩成一句重要的话，它就会是"一切东西都是由原子构成的"。如果尝试把人的发展压缩成一句话，也许不仅仅是"一切发展都是由人构成"，而应是"一切发展都由人际关系构成"。按照马克思的观点，"个人的历史绝不能脱离他以前的或同时代的个人的历史，而是由这种历史决定的"。人类的个体离不开人类社会，个体的世界也许只需人作为生物存在所需要的生存技能的获得，而人类作为命运共同

体的共生共赢必须具备良好思考、表达、沟通的教育。因此，教师要让学生从进入教育体系开始，便学会思考人类是否能以当下的考试分数来确定未来的成败；要带着现实的使命回望过去，用历史观来评判以往教育的得失，并建立未来观，假设未来教育的走向。

"在人类文明内部，不理解维持着人与人关系中的野蛮"[9]，当代思想家认为人类社会出现的关键问题并不是创造生产力的能力不够，也不是扩大人类生存空间的想象力不够，而是人类在追求文明的进程中所受的阻碍与制约正是人类的各种问题与冲突。简言之，人类发展的主要问题在于人类对所置身的社会并不了解，人际的关联性与人性的多元性所构成的人类社会带有所有的人的复杂性特征。作为人类，一方面并不能很好地相互理解；另一方面，即便在尝试了解的过程中面对利益纷争时，彼此也不愿意妥协与和解。人类的文明在某种程度上是在同类间力量的抗拒与抵消中蹒跚向前。"智人统治世界，是因为只有智人能编织出互为主体的意义之网：其中的法律、约束力、实体和地点都只存在于他们共同的想象之中。这张网，让所有动物中只有人类能组织十字军、革命和人权运动。"[10] 学校教育的功能是让人类了解相互间的关联，学习理性的交往原则，增加彼此理解与情感，形成公平、公正、善良、自律、负责以及忠诚等价值取向。教师要深刻理解"相互理解"是重要的教育关系，并能把其所依赖的人类品格的培养作为教育的目的。

理解，不仅包括理解当下现实的人际关系，还要理解已经到来的人工智能时代的社会关系。技术变更所带来的社会关系的更新与迭代，必定重新面对道德的设定和伦理的重建。人类把机器效能迅速推广到各个领域，克服了人类因懈怠、惰性所带来的低效，掩去了所有情绪、情感的干扰，最大限度地削减了人际的内耗，人性中的自私、贪欲、虚荣等不良品行被机器过滤。未来社会关系的秩序、人类进一步发展的起点究竟在哪里？这是今天的教师比其他任何身份的决策者都要亟须思考的问题。"讽刺的是，抽象和形式化的任务对人类而言是最困难的脑力任务之一，但对计算机而言却属于最容易的。计算机早就能够打败人类最好的象棋选手，但直到最近计算机才在识别对象或语音任务中达到人类平均水平。一个人的日常生活需要关于世界的巨量知识。很多这方面的知识是主观的、直观的，因此很难通过形式化的方式表达清楚……"显而易见，深度学习是人适应人工智能时代的理性应对，尽管人终究不会沉沦在机器的逻辑中，但在每一步的前行过程中，人总是会被时代巨大的浪潮击得不知所措。"当下最令人彷徨不定的，并不是人工智能有多么'强大'或有多么'笨拙'，而是我们已处在一个科技的拐点，需要由我们每个人对未来的走向作出抉择。"[11] 教师需要清醒地认识到，今天对未来学生所界定的某些能力和素养，是否能够支撑他们未来的需要，某些抽象与形式的思维功能是否可以交给人类的助手，而把一些归于核心的责任留给人类：机器的归机器，人类的归人类。这也许是未来需要的边界。当这个边界一旦清晰，人的学习就是一个重建规范、重建秩序的过程；承担这些功能，便是教师的特殊责任。

师者，承载着教育的具体任务，传递教育价值观，并促进更有明确价值的社会文明。通过师者，受教育者了解所有知识的无限性属性。但这并不构成教师的不可取代性，师者在数据与智能时代的存在价值并不是转述知识本身，而是秉承并传递人类特有的精神，这是机器无法做到的。这种传承与传递，便是今天的教师的存在价值。它对未来负责、对人类负责、对国家负责、对自己负责，值得令人肃然起敬。从责任上，教师需要把知识的无限性属性做有限性规范的探索教学，从中发现、探索不同差异背后的问题，寻找认知差异的规律，并清晰地知道该坚守什么、接纳什么、改造什么以及放弃什么；能够把受教者带入一个他们未知的世界，并帮助他们建立应该具有的立场和态度。"为天地立心，为生民立命，为往圣继绝学，为万世开太平。"不仅是过去知识分子的使命，也是当下的责任。

参考文献：

[1] ［美］爱德华·萨义德. 知识分子论 [M]. 单德兴，

译 . 北京 : 生活 · 读书 · 新知三联书店, 2016.

[2] 国际 21 世纪教育委员会 . 学习 : 内在的财富 [M].
北京 : 教育科学出版社, 1998.

[3] [德] 格尔哈德 · 帕普克 . 知识、自由和秩序——哈
耶克思想论集 [M]. 黄冰源, 等译 . 北京 : 中国社会科学出
版社, 2001.

[4] [德] 朋霍费尔 . 狱中书简 [M]. 高师宁, 译 . 北京 :
新星出版社, 2011.

[5][9] [法] 埃德加 · 莫兰 . 伦理 [M]. 于硕, 译 . 上海 :
学林出版社, 2017.

[6] 张岱年 . 中国伦理思想研究 [M]. 南京 : 江苏教育出
版社, 2005.

[7] [瑞士] 让 · 皮亚杰 . 教育科学与儿童心理学 [M]. 杜
一雄, 钱心婷, 译 . 北京 : 教育科学出版社, 2018.

[8] [法] 席里尔 · 迪翁 . 人类的明天 [M]. 蒋枋栖,
译 . 北京 : 北京联合出版公司, 2018.

[10] [以] 尤瓦尔 · 赫拉利 . 未来简史 [M]. 林俊宏,
译 . 北京 : 中信出版社, 2017.

[11] [美] 特伦斯 · 谢诺夫斯基 . 深度学习 : 智能时代的
核心驱动力量 [M]. 姜悦兵, 译 . 北京 : 中信出版社, 2019.

The Strength of the Teachers—Making Learners more Valuable

GAO Guoxi[1], ZHOU Zengwei[2]

（ 1. Research Institute for Higher Education, Fudan University, Shanghai 200433;

2. Shanghai Teacher Training Center, Shanghai 200234, China ）

Abstract: As a kind of social occupation, the teacher has its own specific professional requirements. Unlike other service professions, the profession of teachers has both constant standards and professional guidelines for development. How to realize teachers' "preaching, teaching and dispelling doubts" in the contemporary era? The fundamental task of education lies in creating people by virtue and facing modernization, the world as well as the future. Today's school education needs to think about a profound question: What is the most valuable knowledge for the future? This is not only a question philosophers need to think about, but also a basic question of teachers' profession. The so-called teachers' strength is to transcend the power of knowledge itself, shape personality and purify soul by teaching. Many characters are not direct "knowledge" in narrow sense, but they can endow "knowledge" with more real value. In the age of technology, the mission of teachers is to make people who teach and learn more valuable.

Key words: Teacher, Professional Standard, Moral Standard, Ethical Practice

（责任编辑 : 汪海清　谢娜）

新时代立德树人、立德成人的自塑、他塑、同塑逻辑

林建华

（北京外国语大学马克思主义学院 北京 100089）

[摘 要] 教育的根本问题就是培养什么人、怎样培养人、为谁培养人。党的十八大以来，以习近平同志为核心的党中央反复强调全面贯彻党的教育方针，落实立德树人根本任务，培养德智体美劳全面发展的社会主义建设者和接班人，培养担当民族复兴大任的时代新人。在新时代，立德树人、立德成人，首要的、核心的就是用习近平新时代中国特色社会主义思想铸魂育人，主要的就是明大德、守公德、严私德，尤其是明大德，包括理想信念、社会主义核心价值观、中华传统美德、民族精神和时代精神等内容。在立德树人、立德成人的过程中，存在着师生双方各自的自塑、教师对学生的他塑、师生双方的同塑的张力和互动，而要形成自塑、他塑、同塑的合力，教师与学生必须同时在"场"，相互影响，彼此成就。归根到底，就是锻造并铸牢学生"成人—成长—成才—成功"的坚固链条。

[关键词] 立德树人 立德成人 社会主义教育 党的教育方针 中华民族伟大复兴

教育是国之大计、党之大计，是民族振兴、社会进步的重要基石，是功在当代、利在千秋的德政工程。党的十八大以来，以习近平同志为核心的党中央反复强调全面贯彻党的教育方针，落实立德树人根本任务，培养德智体美劳全面发展的社会主义建设者和接班人，培养担当民族复兴大任的时代新人。党的十九届四中全会通过的《中共中央关于坚持和完善中国特色社会主义制度、推进国家治理体系和治理能力现代化若干重大问题的决定》进一步明确指出："全面贯彻党的教育方针，坚持教育优先发展，聚焦办好人民满意的教育，完善立德树人体制机制，深化教育领域综合改革，加强师德师风建设，培养德智体美劳全面发展的社会主义建设者和接班人。"学校教育归根到底就是要回答培养什么人、怎样培养人、为谁培养人等根本问题。所谓根本任务、根本问题就不是一般任务、一般问题。一年树谷，十年树木，百年树人，所指不同，理趣相通。参天大树，必有深根，必固其本，根深方能叶茂，本固才会枝荣。就此而论，立德树人、立德成人及其关系问题是一个极其重要的新时代课题。

基金项目：本文是国家社会科学基金教育学重大项目"教材建设中创新性发展中华优秀传统文化研究"（课题编号：VFA180003）之子课题研究项目"德育学科传承中华优秀传统文化研究"（课题编号：VFA180003-04）的阶段性成果。

作者简介：林建华，北京外国语大学马克思主义学院院长，北京高校思想政治理论课特级教授，北京高校中国特色社会主义世界影响力研究协同创新中心主任，德育大中小一体化国家教材研究基地（北京师范大学）研究员，主要从事世界社会主义共产主义运动研究、思想政治教育研究。

立德树人关涉教育者和被教育者，关涉师生双方。对于教育者来说，存在着一种自塑，即立德树己，育己育人，亦即教育者先受教育，育人先育己，以师德育生德，践行为党育人、为国育才、为人民育子弟的初心和使命；对于被教育者来说，是一种他塑，是由教育者来施行和完成的。立德成人主要是对被教育者来说的，是一种自塑，是由被教育者自身施行和完成的，即自我教育。他塑和自塑构成同塑，形成合力。这就是说，在立德树人、立德成人的过程中，在学生成人、成长、成才、成功的道路上，存在着自塑、他塑、同塑的张力和互动。而要形成自塑、他塑、同塑的合力，教师与学生必须同时在"场"，相互影响，彼此成就。

一、用习近平新时代中国特色社会主义思想铸魂育人是新时代立德树人、立德成人的基本遵循

在学校教育中，我们党始终高度重视落实立德树人根本任务。但是，一个时代有一个时代的主题，一代人有一代人的使命。列宁曾指出："在分析任何一个社会问题时，马克思主义理论的绝对要求，就是要把问题提到一定的历史范围之内。"[1] 在今天，这个"一定的历史范围"就是我们所处的历史方位和时代坐标，就是中国特色社会主义进入新时代。这样的历史方位和时代坐标对立德树人、立德成人提出了特定的乃至独有的诉求和指向。在新时代，用习近平新时代中国特色社会主义思想铸魂育人是立德树人、立德成人的基本遵循。

中华人民共和国成立 70 余年来，我们党领导人民创造了世所罕见的经济快速发展奇迹和社会长期稳定奇迹。改革开放 40 余年来，特别是党的十八大以来，我们取得了全方位的、开创性的历史性成就，推进了深层次的、根本性的历史性变革。经过长期努力，中国特色社会主义进入了新时代，这是我国发展新的历史方位。"这是一个需要理论而且一定能够产生理论的时代，这是一个需要思想而且一定能够产生思想的时代。"

党的十八大以来，以习近平同志为主要代表的中国共产党人顺应时代发展，从理论和实践结合上系统回答了新时代坚持和发展什么样的中国特色社会主义、怎样坚持和发展中国特色社会主义这个重大时代课题，创立了习近平新时代中国特色社会主义思想。习近平新时代中国特色社会主义思想是对马克思列宁主义、毛泽东思想、邓小平理论、"三个代表"重要思想、科学发展观的继承和发展，是马克思主义中国化最新成果，是党和人民实践经验和集体智慧的结晶，是中国特色社会主义理论体系的重要组成部分，是全党全国人民为实现中华民族伟大复兴而奋斗的行动指南，必须长期坚持并不断发展。在习近平新时代中国特色社会主义思想指导下，中国共产党领导全国各族人民，统揽伟大斗争、伟大工程、伟大事业、伟大梦想，推动中国特色社会主义进入了新时代。这就是在历史前进的逻辑中前进，在时代发展的潮流中发展。

人类思想水平的每一次提高、认识活动的每一次升华，都是时代孕育和催生的结果，都是在回应和解答时代课题的过程中实现的。改革开放之初，我们党发出了"走自己的道路，建设有中国特色的社会主义"的伟大号召。习近平总书记指出，"坚持和发展中国特色社会主义是一篇大文章"，"我们这一代共产党人的任务，就是继续把这篇大文章写下去"。[2] 中国特色社会主义是改革开放以来党的全部理论和实践的主题。习近平新时代中国特色社会主义思想与马克思列宁主义、毛泽东思想、邓小平理论、"三个代表"重要思想、科学发展观既一脉相承，又与时俱进，并指导中国特色社会主义的伟大实践接续推进。所谓"一脉相承"，其要旨在于：它们有共同的世界观和方法论，即辩证唯物主义和历史唯物主义；它们有共同的理想信念和奋斗目标，即社会主义、共产主义；它们都是自然界、人类社会和人类思维发展的一般规律的理论呈现。习近平新时代中国特色社会主义思想继承了马克思主义的生命之"脉"。比如，它坚持为中国人民谋幸福、为中华民族谋复兴的初心和使命；它坚持以人民为中心的发展思想；它坚持以生产力与生产关系之间的矛盾为基础分析社会主要矛盾的变化、判断中国特色社会主义进入新时代；它坚持铸牢中

华民族共同体意识，建设富强民主文明和谐美丽的社会主义现代化强国；它坚持推进构建人类命运共同体，建设持久和平、普遍安全、共同繁荣、开放包容、清洁美丽的世界；它坚持伟大斗争、伟大工程、伟大事业、伟大梦想的紧密联系、相互贯通、相互作用；它坚持统筹推进"五位一体"总体布局、协调推进"四个全面"战略布局。由此，我们可以明晰，改革开放以来，中国特色社会主义是如何形成和推进并不断发展和完善的；党的十八大以来，党的全部理论和实践是如何围绕中国特色社会主义这一主题深化和彰显的。我们更可以明晰，习近平新时代中国特色社会主义思想的创立是一个具体的、鲜活的、生动的过程；习近平新时代中国特色社会主义思想是一个系统的、严整的、科学的理论体系，是马克思主义中国化发展链条上的最新理论成果，也是马克思主义世界发展链条上的最新理论成果。正是在这个意义上，坚持习近平新时代中国特色社会主义思想就是坚持当代中国马克思主义、21世纪马克思主义。

习近平新时代中国特色社会主义思想站在历史、现实与未来的时代交汇点上，从历史中引出对现实的分析，在现实中展开对未来的设想，其现实意义和深远意义在于它深化了对共产党执政规律、社会主义建设规律和人类社会发展规律的认识。在人类社会发展的历史行程中，特别是在世界社会主义共产主义运动发展、科学社会主义发展和中国特色社会主义发展的历史行程中，中国共产党人不断深化认知和正确处理了一系列重大关系问题，比如，中国的社会主义与世界的资本主义之间的关系、中国的社会主义与世界的社会主义之间的关系、中国的社会主义的现实性与未来的共产主义的理想性之间的关系。正是在解决这些问题和矛盾的历史性活动中，中国特色社会主义内蕴着实践特色、理论特色、民族特色、时代特色、人民特色。同时，中国特色社会主义进入新时代，拓展了发展中国家走向现代化的途径，给世界上那些既希望加快发展又希望保持自身独立性的国家和民族提供了中国方案。习近平新时代中国特色社会主义思想内蕴的中国共产党治国理政的智慧和经验，既

具有中国意义也具有世界意义，比如，为世界提供"政党治理"的中国经验，为国际社会提供"国家治理"的中国智慧，为人类贡献"全球治理"的中国方案。习近平新时代中国特色社会主义思想宣示中国共产党要为人类作出新的更大贡献。不断为人类作出新的更大贡献是每一个负责任的政党特别是执政的大党、每一个负责任的国家特别是大国的使命担当。

任何一个人的成长和发展都离不开特定的、具体的时空环境和条件。一个人的健康成长和发展同样必须有思想灵魂的正确引导和精心浇铸。灵魂是从信念中来的。坚持用党的理论创新成果灌注教育、铸魂育人，是我党的优良传统和基本经验，是党的指导思想与时俱进的必然要求，也是新时代教育事业和社会主义事业始终保持旺盛生命力、强大战斗力的根本保证。习近平新时代中国特色社会主义思想是马克思主义中国化的最新成果，内涵丰富、博大精深。习近平新时代中国特色社会主义思想作为党和国家的指导思想已经写入党章和宪法，它是我们这个时代的精神旗帜，是铸魂育人最好的教科书。铸魂育人既要强化正能量灌注，也要防止负能量侵袭。进入新时代，固根与拔根的较量，铸魂与"蛀魂"的拉锯，一刻也没有停止过。在国际上，敌对势力把我国的发展壮大视为对其制度、道路和价值观的挑战，加紧炒作所谓"中国崩溃论""中国威胁论"，加紧实施网上"文化冷战"和"政治转基因工程"，加紧对我们搞"和平演变""颜色革命"等。拜金主义、享乐主义、极端个人主义等在社会上不断滋长蔓延，对学校和教育也产生了不良影响。青少年阶段是人生的"拔节孕穗期"，最需要精心引导和栽培。立德树人，用习近平新时代中国特色社会主义思想铸魂育人，最核心的就是要铸牢听党话、跟党走的思想根基，引导学生增强中国特色社会主义道路自信、理论自信、制度自信、文化自信，厚植爱国主义情怀，把爱国情、强国志、报国行自觉融入坚持和发展中国特色社会主义事业、建设社会主义现代化强国、实现中华民族伟大复兴的奋斗之中。新时代铸魂育人，就是要铸这样的魂。

在实现"两个一百年"奋斗目标的历史交汇期，胸怀中华民族伟大复兴的战略全局、世界百年未有之大变局这两个大局，用习近平新时代中国特色社会主义思想铸魂育人，是一项固本开新的战略工程，需要把握立德树人、立德成人新要求新标准，着眼新实践新特点，着力探索新方法新路径，不断开创新时代新局面。

二、明晰"德"与"人"的基本内容与核心要义是新时代立德树人、立德成人的基本前提

国无德不兴，人无德不立。党的十八大以来，习近平总书记强调："育人的根本在于立德。这是人才培养的辩证法。办学就要尊重这个规律，否则就办不好学。"[3] 他还指出："要把立德树人融入思想道德教育、文化知识教育、社会实践教育各环节，贯穿基础教育、职业教育、高等教育各领域，学科体系、教学体系、教材体系、管理体系要围绕这个目标来设计，教师要围绕这个目标来教，学生要围绕这个目标来学。凡是不利于实现这个目标的做法都要坚决改过来。"[4]

立德树人是中华民族的优秀传统，是中华民族永恒的教育价值追求，历数千年绵延不断，可谓源远流长。立德树人、立德成人包括立德和树人、成人两个部分，立德是基础，树人、成人是目的。恩格斯曾指出："马克思研究任何事物时都考察它的历史起源和它的前提，因此，在他那里，每一单个问题都自然要产生一系列的新问题。"[5] 这一思维方法对我们探究新时代立德树人、立德成人的内涵和要义同样具有重要的指导意义。

教育的对象是人，教育的目的是树人、成人，教育的过程是人与人之间的交往和精神的交流。人是一种历史性和生成性存在，教育起源于人的发展需要。"人是教育的、受教育的和需要教育的生物。这一点本身就是人的形象的最基本标志之一。"[6] 正是教育，使人与动物区分开来。

在中华优秀传统文化的视域中，教育包括两层含义：一是"教"，一是"育"。按照东汉许慎《说文解字》的诠释，"教，上所施，下所效也"，"育，养子使作善也"。这就是说，教是知识、技能的传授，重点在于使人成才；育是品格、人性的教化，重点在于使人成人。因此，在教育的范畴中，"教"是基础，"育"是核心。教育都是在具体的民族和国家境遇中进行的，不同时期的教育都前后相继，后一时期的教育是对前一时期教育的继承和发展。中华民族有着悠久的重德传统，并在持续的意义探究过程中得到了不断升华。立德树人、立德成人，"德"是"育"的重要内容和目的，"育"是"德"的重要载体和路径。

中华文明源远流长，孕育了中华民族的宝贵精神品格，培育了中国人民的崇高价值追求；"德"的内涵不断丰富，并在历史演进过程中鲜明地体现出时代性和个性化的特点。《左传·襄公二十四年》中说："太上有立德，其次有立功，其次有立言，虽久不废，此之谓不朽。"孔子在《论语·为政》中说："为政以德，譬如北辰居其所而众星共之。""德"是内圣外王的化身，儒家强调的"大学"，是大人之学、君子之学、走向人生大道的学问；能开始研习"大学"，就意味着心理成人的开始、追求着君子之德的遵守、开启着光明大道的修行。因此，《大学》开篇就是"大学之道，在明明德，在亲民，在止于至善"，这是对于"大人之学"的总要求。"德也者，苞天地之美。"德是天地有大美的注脚。清朝康熙提出："国家用人，当以德器为本，才艺为末。"德是国之重器的标准。但是，德作为一种维系民族认同、弘扬中华文化、传承民族精神的重要内容与手段，即大德，应该追寻一般意义的表达。换言之，对于德的理解和概括，应该有一个"最大公约数"。

中国共产党领导人民在革命、建设和改革历史进程中，坚持马克思主义对人类美好社会的理想，继承发扬中华传统美德，创造形成了引领中国社会发展进步的社会主义道德体系，特别是社会主义核心价值体系、社会主义核心价值观。习近平总书记指出："要在加强品德修养上下功夫，教育引导学生培育和践行社会主义核心价值观，踏踏实实修好品德，成为有大爱大德大情怀的人。"[7] "要把立德树人的成效作为检验学校一切

工作的根本标准,真正做到以文化人、以德育人,不断提高学生思想水平、政治觉悟、道德品质、文化素养,做到明大德、守公德、严私德。"[8]习近平总书记的重要思想和论断,是中国优秀传统文化和中华传统美德的当代化,是马克思主义关于教育特别是德育思想的中国化。

在新时代,立德树人、立德成人,作为"最大公约数"的"德",就是大德、公德、私德,尤其是大德。这样的大德,其内容主要包括:

其一,理想信念。信仰信念指引人生方向,引领道德追求。这就要求坚持不懈用习近平新时代中国特色社会主义思想铸魂育人,引导学生逐步把握其丰富内涵、精神实质、实践要求,打牢信仰信念的思想理论根基;这就要求广泛开展理想信念教育,深化社会主义和共产主义宣传教育,深化中国特色社会主义和中国梦宣传教育,引导学生不断增强道路自信、理论自信、制度自信、文化自信,把共产主义远大理想与中国特色社会主义共同理想统一起来,把实现个人理想融入实现国家富强、民族振兴、人民幸福的伟大梦想之中。

其二,社会主义核心价值观。习近平总书记指出:"我国是一个有着 13 亿多人口、56 个民族的大国,确立反映全国各族人民共同认同的价值观'最大公约数',使全体人民同心同德、团结奋进,关乎国家前途命运,关乎人民幸福安康。"[9]基于此,他强调,必须"把培育和弘扬社会主义核心价值观作为凝魂聚气、强基固本的基础工程"[10]。社会主义核心价值观是当代中国精神的集中体现,是凝聚中国力量的思想道德基础。这就要求持续深化社会主义核心价值观宣传教育,增进认知认同、树立鲜明导向、强化示范带动,引导教师和学生把社会主义核心价值观作为明德修身、立德树人、立德成人的根本遵循;这就要求坚持贯穿结合融入、落细落小落实,把社会主义核心价值观要求融入日常生活,使之成为学生日用而不觉的道德规范和行为准则;这就要求坚持德法兼治,以道德滋养法治精神,以法治体现道德理念。社会主义核心价值观、社会主义核心价值体系就是我们这个时代的德的"最大公约数",是时代之大德。坚持社会主义

核心价值观,是立德树人、立德成人的客观要求。习近平总书记在党的十九大报告中指出,要培育和践行社会主义核心价值观,要以培养担当民族复兴大任的时代新人为着眼点,强化教育引导、实践养成、制度保障,发挥社会主义核心价值观对国民教育、精神文明创建、精神文化产品创作生产传播的引领作用,把社会主义核心价值观融入社会发展各方面,转化为人们的情感认同和行为习惯。

其三,中华传统美德。中华传统美德是中华文化精髓,是道德建设的不竭源泉。这就要求以礼敬自豪的态度对待中华优秀传统文化,充分发掘文化经典、历史遗存、文物古迹承载的丰厚道德资源,弘扬古圣先贤、民族英雄、志士仁人的嘉言懿行,让中华文化基因逐步且更好地植根于学生的思想意识和道德观念;这就要求深入阐发中华优秀传统文化蕴含的讲仁爱、重民本、守诚信、崇正义、尚和合、求大同等思想理念,深入挖掘自强不息、敬业乐群、扶正扬善、扶危济困、见义勇为、孝老爱亲等传统美德,并结合新的时代条件和实践要求继承创新,充分彰显其时代价值和永恒魅力,使之与现代文化、现实生活相融相通,使其逐步成为学生精神生活、道德实践的鲜明标识。

其四,民族精神和时代精神。以爱国主义为核心的民族精神和以改革创新为核心的时代精神,是中华民族生生不息、发展壮大的坚实精神支撑和强大道德力量。这就要求深化改革开放史、中国共产党历史、中华民族近代史、中华文明史教育,弘扬中国人民伟大创造精神、伟大奋斗精神、伟大团结精神、伟大梦想精神,倡导一切有利于团结统一、爱好和平、勤劳勇敢、自强不息的思想和观念,构筑中华民族共有精神家园;这就要求继承和发扬党领导人民创造的优良传统,传承红色基因,赓续精神谱系;这就要求紧紧围绕全面深化改革开放、深入推进社会主义现代化建设,大力倡导解放思想、实事求是、与时俱进、求真务实的理念,倡导"幸福源自奋斗""成功在于奉献""平凡孕育伟大"的理念,弘扬改革开放精神、劳动精神、劳模精神、工匠精神、优秀企业家精神、科学家精神,逐步培养学生昂扬向上、奋发有为的精神状态。

培养什么人，是教育的首要问题，是立德树人、立德成人的现实追求。近代以来，中华儿女在时代之变局中，历经数十载、近百载艰难求索，最后选择了社会主义制度作为我们的国家制度，其最大的优越性在于体现了最广大人民的根本利益。社会主义教育同样具有这样的性质。党的十八大以来，习近平总书记一再强调这一根本问题。我们是中国共产党领导的社会主义国家，办的是社会主义教育，铸魂育人、立德树人、立德成人，对于"人"的核心要义，必须主要基于三个视角或三个维度进行思考：一是德智体美劳全面发展的人，这就是"五育并举"，侧重于追求人的全面发展和人的解放的维度。二是社会主义建设者和接班人，尤其是富强民主文明和谐美丽的社会主义现代化强国的建设者和接班人，其具体体现就是教育和引导学生树牢"四个意识"，即政治意识、大局意识、核心意识、看齐意识；坚定"四个自信"，即中国特色社会主义道路自信、理论自信、制度自信、文化自信；做到"两个维护"，即坚决维护习近平总书记党中央的核心、全党的核心地位，坚决维护以习近平同志为核心的党中央权威和集中统一领导，这就是讲政治的维度。三是担当民族复兴大任的时代新人，这就是面向未来的维度。所谓中华民族伟大复兴，概而言之就是：在悠远的历史视野中，旨在使中华民族重新形塑自己的面貌，在21世纪浴火再造、涅槃新生；在宽广的世界视野中，旨在使中华民族重现曾经拥有的辉煌，屹立于世界民族之林，引领世界浩荡潮流。因此，培养一代又一代拥护中国共产党领导和我国社会主义制度、立志为中国特色社会主义奋斗终身的有用人才，是教育工作的根本任务，也是教育现代化的方向目标。

在中华人民共和国成立70周年前夕，习近平总书记郑重提出："要在新中国成立70年的时候宣示下一个70年，我们将高举革命的旗帜，继往开来，重整行装再出发。……未来70年，关键是未来30年。这正好是我们实现'两个一百年'奋斗目标的时间。只要我们保持坚定理想信念和坚强革命意志，就能把一个个坎都迈过去，什么陷阱啊，什么围追堵截啊，什么封锁线啊，把它们通通抛在身后！"[11]这一宣示充分体现了他"不谋万世者，不足谋一时"的时间战略思维和"不谋全局者，不足谋一域"的空间战略思维，也体现了他"治大国若烹小鲜"的战略定力与坚毅耐力。育人具有滞后性或长期性的特点，这是由人的成长周期所决定的。生命的成长是一个漫长的过程，人的成长更是一个缓慢的过程，因此，今天是为未来育才的。用未来定义现在，在铸魂育人、立德树人、立德成人的逻辑理路中，这样的"人"就是强国时代、复兴时代的时代新人，而不是舍弃"同舟共济、守望相助、艰苦奋斗"理念和精神的"无知、无畏、无德"的所谓"废青一代"。就此而论，今天的教育正塑造并决定着国家、民族和人类的未来。

三、把握自塑、他塑、同塑的逻辑是新时代立德树人、立德成人的基本路径

在新时代，尊重教育、敬畏教育才有未来，这是因为社会各领域的未来领导者、建设者都正漫步在大中小学的校园里。人才培养是学校最核心的使命，因此学校的每项政策和决定、教师的言谈举止，时时、处处都在立德树人。立德树人关键在教师。苏联教育家苏霍姆林斯基认为，教育与自我教育是相辅相成的。他指出："自我教育是学校教育中极重要的一个因素。……没有自我认识就没有自我教育，没有自我教育就没有真正的教育，这样一个信念在我们的教师集体的创造性劳动中起着重大的作用。"[12]这里的自我教育既包括教师的自我教育，也包括学生的自我教育。这就是说，教师要育人育己、育人先育己，教师只有首先自塑才能进行并完成他塑、同塑的任务。作为受教育者的学生，一方面接受教师的他塑，一方面进行自塑，实现他塑与自塑的有机统一，形成同塑的合力。教师的最大魅力就是帮助学生形成自我教育的能力，最终实现学生的自主成长。在立德树人、立德成人的关系逻辑中，教师首先是施行教育的主体，同时也是接受自我教育的客体；学生首先是接受教育的客体，同时也是施行自我教育、自主教育的主体。这既是马克思主义认识论的基本要求，也是源于教育特别是立

德树人、立德成人的过程中，教师与学生是一种特殊的关系存在。孔子在《论语·述而》中提出："三人行，必有我师焉：择其善者而从之，其不善者而改之。"韩愈在《师说》中提出："师者，所以传道受业解惑也。……生乎吾前，其闻道也固先乎吾，吾从而师之；生乎吾后，其闻道也亦先乎吾，吾从而师之。……是故弟子不必不如师，师不必贤于弟子，闻道有先后，术业有专攻，如是而已。"这些认知都包含着朴素的辩证法。这也是我们把握新时代立德树人、立德成人自塑、他塑、同塑逻辑的思维基础和理论依据。

教师的使命是育人，因此要甘当人梯，甘当铺路石，以人格魅力引导学生心灵，以学术造诣开启学生智慧之门。教师之所以重要，就在于教师的工作是塑造灵魂、塑造生命、塑造人。教师不仅仅是把知识从一个脑袋装进另一个脑袋，更重要的是培养真正的人，把科学的、正确的思想从一个脑袋装进另一个脑袋。列宁曾指出："工人本来也不可能有社会民主主义的意识，这种意识只能从外面灌输进去，……而社会主义学说则是从有产阶级的有教养的人即知识分子创造的哲学理论、历史理论和经济理论中发展起来的。现代科学社会主义的创始人马克思和恩格斯本人，按他们的社会地位来说，也是资产阶级知识分子。……既然谈不到由工人群众在其运动中自己创立的独立的思想体系，那么问题只能是这样：或者是资产阶级的思想体系，或者是社会主义的思想体系。这里中间的东西是没有的（因为人类没有创造过任何'第三种'思想体系，而且在为阶级矛盾所分裂的社会中，任何时候也不可能有非阶级的或超阶级的思想体系）。因此，对社会主义思想体系的任何轻视和任何脱离，都意味着资产阶级思想体系的加强。"[13] 列宁的这一重要论断对于学校教育也是适用的。随着科技的发展，单纯传授知识变得越来越简单，但是培养真正的人，在社会发展的不同时期会出现不同的问题、呈现不同的难点，使得教师的工作具有显著的创造性、长期性和社会性特点。

教师立德树人应以什么样的标准进行自塑、同塑？习近平总书记先后从不同维度提出了具体、明确要求，成为新时代教师立德树人的方向指引和路径遵循。习近平总书记在北京师范大学提出了"四有"好老师的要求，即教师要有理想信念、要有道德情操、要有扎实学识、要有仁爱之心。其中，理想信念是源头活水，是好老师的不竭动力；道德情操是境界修为，是好老师的成长阶梯；扎实学识是行动利器，是好老师的实践工具；仁爱之心是幸福之本，是好老师的成就之根。习近平总书记在八一学校提出了"四个"引路人的要求，即教师要做学生锤炼品格的引路人、做学生学习知识的引路人、做学生创新思维的引路人、做学生奉献祖国的引路人。好老师对学生的影响是潜移默化的，也是恒长深远的。习近平总书记曾指出："教过我的老师很多，至今我都能记得他们的样子，他们教给我知识、教给我做人的道理，让我受益无穷。"[14]

人才之成出于学。学校教育是通过课程实现的，课程是学校教育最基本的单元，思想政治理论课是关键课程，是国家课程。在思政课程建设和教育教学中，教师的作用同样是关键性的。习近平总书记指出："思想政治理论课是落实立德树人根本任务的关键课程。……思政课作用不可替代，思政课教师队伍责任重大。……办好思想政治理论课，关键在教师，关键在充分发挥思政课教师的积极性、主动性、创造性。"[15] 在思政课教育教学中，要注重发挥思政课教师的作用，要做到大中小学思政课循序渐进、螺旋上升，要增强思政课的思想性、理论性和亲和力、针对性，要培养担当民族复兴大任的时代新人。在这方面，思政课程与课程思政须同向同行，思政课教师与其他课教师须同频共振、协同发力。在落实教书育人、立德树人根本任务的过程中，习近平总书记对新时代思政课教师的要求就是对所有教师的要求。习近平总书记提出了"六要"的要求。这就要求教师，特别是思政课教师要提升育人中自塑和同塑的综合素养。所谓"六要"：其一，政治要强，就是教师必须要有坚定的马克思主义信仰，坚定中国特色社会主义信念；要运用当代中国的马克思主义理论和习近平新时代中国特色社会主义思想"铸魂育人"；要善于从政治上看问题，在大是大非面前保持政治清醒，才能保持政治定力，站稳政治立场，始终与党中央保持高度一致，坚定做到"两个维护"。其二，情怀要深，就是教师必须保持家国情怀，心里装着国家和民族，在党和人民的伟大实践中关注时代、关注社会，汲取养分、丰富思想，只有这样才能真正培育出德智体美劳全面发展的社会主义建设者和接班人。其三，思维要新，就是教师必须学懂弄通辩证唯物主义和历史唯物主义，运用辩证发展的眼光、联系的观点看待中国与世界、历史与现实、理论与实践，引导学生学会正确的思维方法；要不断创新课堂教学内容、方式方法，推动课内课外、线上线下、校内校外的结合，推动理论教学与实践教学有机统一、相互融合，激励学生进行深刻的学习体验，引导学生树立正确的理想信念。其四，视野要广，就是教师要有广阔的知识视野，做到不仅是"专家"，而且是"杂家"，多学科、多维度看待问题才更全面，要做百科全书式的学者，要学会讲一（门课）通多（门课）；要有宽广的国际视野，正确认识中国特色和国际比较，全面客观认识当代中国、看待外部世界，"通过生动、深入、具体的纵横比较"把中国特色社会主义理论、道路、制度、文化的一些问题讲明白、讲清楚；要有深邃的历史视野，在对历史的深入思考中汲取智慧、走向未来。其五，自律要严，就是教师必须比社会其他群体要求更加严格、责任更加重大，其一言一行、一举一动对青少年学生的影响和示范性极大；要做到课上课下一致、网上网下一致，自觉弘扬主旋律，积极传递正能量，教育引导学生立鸿鹄志、做奋斗者，传导主流意识形态，直面和反击各种错误观点和思潮，将内在陶冶与外在匡正有机统一起来；"师者，所以传道受业解惑也"，教师要恪守"学高为师、身正为范"的理念，懂得自律是在行动中形成，也只能在行动中体现的理路。其六，人格要正，就是教师承担价值引领、思想熏陶和廓清迷雾的重任；教师要有堂堂正正的人格，要有吸引力和亲和力，用高尚的人格感染学生、赢得学生，用真理的力量感召学生，以深厚的理论功底赢得学生，自觉做为学为人的表率，做让学生喜爱的人。习近平总书记还具体提出了坚持"八个相统一"，即坚持政治性和学理性相统一、坚持价值性和知识性相统一、坚持建设性和批判性相统一、坚持理论性和实践性相统一、坚持统一性和多样性相统一、坚持主导性和主体性相统一、坚持灌输性和启发性相统一、坚持显性教育和隐性教育相统一。这既为新时代推动思政课改革创新、提高思政课质量水平明确了重要指向和基本遵循，也为新时代立德树人、立德成人明确了重要指向和基本遵循，具有普遍的指导意义。

教师工作的本质是塑造灵魂、塑造生命、塑造人，教师的作用就是要给学生心灵埋下真善美的种子，引导学生扣好人生第一粒扣子。"四有"好老师、"四个"引路人、做到"六要"、坚持"八个相统一"是包括思政课教师在内的所有教师必备的基本功，必须内化于心、外化于行，从而形塑自我。而要落实立德树人、立德成人，师生双方都必须科学分析、理性认知20世纪末、21世纪以来出生的青少年的特点，教师先行自塑、有效实施他塑，学生必须接受教师实施的他塑以及学生本身的自塑，从而破解他塑与自塑的张力，建构同塑的合力。20世纪末、21世纪以来出生的青少年的特点主要是阳光、懂事、独立、自信、勇敢、勤奋、聪明、创新、开放、早熟、抗压力强等，其口头禅是"一代强一代"，也有人称他们是"滑一代""微一代""搜一代""游一代""秀一代"等；他们也有另外一面，诸如自我、自私、封闭（所谓的"宅"）等。20世纪末、21世纪以来出生的青少年的诉求以及社会对他们的企求就是成人、成长、成才、成功。就此而论，师生双方必须同时在"场"并形成无形磁场；师生双方要做的，就是育人、树人、成人，自育、自树、自立，形成潜移默化的互动，一起成长，彼此成就，而不是只关注对学生单向度的培育。从单向度到双向度，涵育同塑的因子，是新时代立德树人、立德成人的创新之举，也是其题中应有之义。

在小学阶段的教育教学中，立德树人、立德成人重在培养学生道德情感，主要通过启蒙性教育，将传播知识与传授美德、健康身心与陶冶性情结合起来，让学生初步了解社会主义核心价值观，养成良好的集体观念和行为习惯，讲礼貌、守纪律、知对错；培养劳动意识，提升自理能力，养成良好的意志品格和乐观向上的性格；富有爱心，懂得感恩；形成爱党、爱国、爱社会主义、爱人民、爱集体的情感，具有做社会主义建设者和接班人的美好愿望。

在初中阶段的教育教学中，立德树人、立德成人重在打牢学生思想基础，主要通过体验性教育，引导学生感知马克思主义的思想力量和中国特色社会主义的实践成就，增强国情观念和国家意识，树立民族自尊心、自信心、自豪感；从总体上把握社会主义核心价值观的基本内涵和实践要求，明是非、讲规则、辨善恶；热爱中华优秀传统文化、革命文化和社会主义先进文化；增强崇尚劳动意识，具有参与社会实践的能力，培育积极向上的健康心态；把党、祖国、人民装在心中，强化做社会主义建设者和接班人的思想意识。

在高中（含中职）阶段的教育教学中，立德树人、立德成人重在提升学生政治素养，主要通过认知性教育，引导学生掌握马克思主义基本理论常识，了解马克思主义中国化发展的一般历史进程及理论成果，理解习近平新时代中国特色社会主义思想的科学内涵和重要意义；树立正确的历史观、民族观、国家观、文化观，培育和践行社会主义核心价值观，明方向、尊法纪、知荣辱；提升劳动能力，有序参与社会事务；塑造乐观进取的心理品质；衷心拥护党的领导和我国社会主义制度，形成做社会主义建设者和接班人的政治认同。

在大学阶段的教育教学中，立德树人、立德成人重在增强使命担当，主要通过理论性教育，引导学生系统掌握马克思主义基本原理和马克思主义中国化理论成果，深入领会习近平新时代中国特色社会主义思想的精神实质和重要地位，培养运用马克思主义的立场、观点和方法分析问题、解决问题的能力；自觉践行社会主义核心价值观，识大局、尊法治、修美德；弘扬劳动精神，提高实践能力；培育健康心理素质和健全人格；矢志不渝听党话跟党走，争做社会主义合格建设者和可靠接班人，争做担当民族复兴大任的时代新人。

面向未来，在学校教育教学中，要把新时代立德树人、立德成人作为一项战略工程，深入推动习近平新时代中国特色社会主义思想进教材进课堂进头脑，用习近平新时代中国特色社会主义思想铸魂育人，构建德智体美劳全面培养的教育体系和更高水平的人才培养体系，健全家庭、学校、政府、社会协同育人机制，形成全员育人、全程育人、全方位育人的格局；要着力在坚定理想信念、厚植爱国主义情怀、加强品德修养、增长知识见识、培养奋斗精神、增强综合素质上下功夫，培养担当民族复兴大任的时代新人；要树立"健康第一"的教育理念，开齐开足体育课，帮助学生在体育锻炼中享受乐趣、增强体质、健全人格、锤炼意志；要全面加强和改进学校美育，坚持以美育人、以文化人，提高学生审美和人文素养；要在学生中弘扬劳动精神，教育引导学生崇尚劳动、尊重劳动，懂得劳动最光荣、劳动最崇高、劳动最伟大、劳动最美丽的道理，长大后能够辛勤劳动、诚实劳动、创造性劳动。

总之，新时代立德树人、立德成人的自塑、他塑、同塑逻辑就是一棵树撼动另一棵树、一片云推动另一片云、一个灵魂唤醒另一个灵魂，在彼此成就中锻造并铸牢学生"成人—成长—成才—成功"的坚固链条。

参考文献：

[1] 列宁选集：第 2 卷 [M]. 北京：人民出版社，1995.

[2] 习近平. 关于坚持和发展中国特色社会主义的几个问题 [J]. 求是，2019(7).

[3][8] 习近平. 在北京大学师生座谈会上的讲话 [N]. 人民日报，2018-5-3.

[4][7] 习近平. 在全国教育大会上的讲话 [N]. 人民日报，2018-9-11.

[5] 马克思恩格斯全集：第 22 卷 [M]. 北京：人民出版社，1965.

[6] [德]O·F·博尔诺夫. 教育人类学 [M]. 李其龙，等译. 上海：华东师范大学出版社，1999.

[9] 习近平. 青年要自觉践行社会主义核心价值观——在北京大学师生座谈会上的讲话 [N]. 人民日报，2014-5-5.

[10] 习近平. 把培育和弘扬社会主义核心价值观作为凝魂聚气强基固本的基础工程 [N]. 人民日报，2014-2-26.

[11] 习近平总书记江西考察并主持召开座谈会微镜头 [N]. 人民日报，2019-5-23(2).

[12] [苏] 苏霍姆林斯基. 帕夫雷什中学 [M]. 赵玮，王

义高, 蔡兴文, 纪强, 译. 北京: 教育科学出版社, 1983.

  [13] 列宁选集: 第 1 卷 [M]. 北京: 人民出版社, 1995.

  [14] 习近平. 做党和人民满意的好老师 [N]. 人民日报,

2014-9-10.

  [15] 习近平. 在学校思想政治理论课教师座谈会上的讲话 [N]. 人民日报, 2019-3-19.

The Self-shaping, Others-shaping and Joint Shaping Logic of Nurturing and Creating People by Virtue in the New Era

LIN Jianhua

(School of Marxism, Beijing Foreign Studies University, Beijing 100089, China)

Abstract: The fundamental issue of education is what kind of people to cultivate, how to cultivate and for whom to cultivate. Since the CPC's 18th National Congress, the CPC Central Committee with Xi Jinping as the core has repeatedly stressed that we should fully implement the Party's education policy, foster virtue through education, train participants of and successors to the socialist cause who develop morally, intellectually, physically and aesthetically, and foster a new generation of young people capable of shouldering the mission of national rejuvenation. In the new era, the most important and core point of nurturing and creating people by virtue is to use Xi Jinping Thought on Socialism with Chinese Characteristics for a New Era to educate people. The emphases are setting the political virtue, maintaining good public virtue and strictly guarding the individual virtue. Setting the political virtue includes ideals and faith, core socialist values, Chinese traditional virtues, national character and spirit of the era, etc. In the process of nurturing and creating people by virtue, there exists the tension and interaction between teachers and students. In order to form a joint force of self-shaping, others-shaping and joint shaping, teachers and students must simultaneously on the "spot", influencing each other and helping each other. In a word, it is to forge a strong chain of "growth-development-achievement-success" of students.

Key words: Nurturing People by Virtue, Creating People by Virtue, Socialist Education, The Party's Education Policy, Great Rejuvenation of the Chinese Nation

（责任编辑: 汪海清 谢娜）

叶企孙与中国现代科学教育

周 勇

（华东师范大学课程与教学研究所 上海 200062）

[摘 要] 中国现代科学教育诞生于1860年代，经几代开拓先锋艰难探索至1920年代，总算知道中国最缺的乃是数理化等基础科学教育，也建起了大中小学基础科学教育体系，但其质量却令人堪忧。1925年叶企孙创建清华大学物理学系，开始切实解决中国现代科学教育质量提升难题，不仅让中国有了可以赶超西方基础科学前沿的科学研究与教育中心，而且为国家培养了研制"两弹一星"必需的品行一流的基础科学人才。叶企孙还曾尽力优化质量低劣的中学科学教育。当前中国科学教育依然面临质量提升难题，教育理论界及一线教师仍需重温叶企孙为科学教育所付出的努力，光大其为国培养品行一流的科学人才的教育初心与进路。

[关键词] 叶企孙 中国现代科学教育 基础（自然）科学 质量提升难题

1987年2月26日，《人民日报》发表《深切怀念叶企孙教授》，叶企孙先生由此得以重新进入公众视野。进入20世纪90年代，则有王淦昌、钱伟长、李政道、杨振宁、戴念祖等弟子先后为叶先生举办诞辰纪念，撰写回忆录及传记，整理出版文集，为全面了解叶企孙对于中国现代科学及科学教育的辉煌贡献提供了众多珍贵的历史资料。2006年，上海文广集团纪实频道推出百集文化纪录片《大师》，所选人物虽多来自人文领域，但到2016年也曾专门刻画叶企孙的物理学及科学教育贡献。2018年，央视《朗读者》亦曾邀请北京大学物理学教授薛其坤朗读《礼记·大学》选段，借以纪念叶先生诞辰120周年。诸如此类的公共传播努力还有

不少，长期淡出视线的叶先生因此能越出科学界，逐渐被更多的人知道。网络上近些年就不断有人发帖，表彰叶企孙的卓越贡献及伟岸人格，竞相将叶先生誉为"一代宗师"或"大师的大师"。

遗憾的是，虽然科学界及媒体已有不少传播努力，但在教育理论界，叶企孙仍不大为人所知。迄今仅见两位教育学者曾自觉开拓叶企孙研究：一位便是率先在《人民日报》发文纪念叶企孙的作者之一汪永诠教授[1]，另一位是近期主编叶企孙纪念文集的储朝晖教授。前者重在彰显叶企孙科学教育贡献及人格；后者继续认识叶企孙的科学教育贡献及人格之余，还建构了一大概念工具即"教育感"，用于揭示叶先生"既擅长了解学生的

资金项目：本文系教育部人文社会科学重点研究基地资助项目，项目号：16JJD0880021。
作者简介：周勇，华东师范大学课程与教学研究所教授，教育高等研究院副院长，主要从事中国文化与教育、课程改革史等研究。

优势潜能所在，又能摸准世界科技发展各个方向的前沿，同时还能够把学生的优势潜能引向世界科技发展的前沿地带，培养出杰出人才"[2]。两大权威研究均能为了解叶企孙提供有益基础，但要改变叶企孙在教育理论界的冷遇状况，仍需更多的人重视叶企孙。本文便尝试在既有研究基础上，从新视角入手进一步考察叶企孙的科学教育努力，探讨其重要意义，以求使更多年轻教育学子和有志探寻科学教育正途的一线教师也能重视研究叶先生的科学教育初心及进路，从中寻找启示以优化当前中国科学教育。

一、中国现代科学教育的艰难生长

21世纪以来，叙及叶企孙之于中国现代科学教育的卓越贡献，最先想到的常常是"两弹一星"。如纪录片《大师》之《叶企孙》即是从1964年10月中国第一颗原子弹在罗布泊试验成功讲起，并援引邓小平的重要论述："如果六十年代以来，中国没有原子弹、氢弹和卫星，中国就不能叫有重要影响力的大国，就没有现在的国际地位。"之后，场景切换为1999年人民大会堂，国家隆重授予23位科学家"两弹一星功勋奖章"。接着便是揭示一个长期不为人知的教育事实："这些不同领域的学科开创者竟与同一位老师的教育有关"，[3]他便是叶企孙。此段开场大体不错，叶企孙晚期学生虞昊也曾指出，两弹爆炸试验成功，是靠王淦昌、钱三强、邓稼先、朱光亚、周光召等，"这些人中除了二人之外竟都是叶企孙的弟子，那二人中有一位却又是叶师大弟子王淦昌的学生"；"再看中国的卫星上天后被评为功臣的名单：他们依次是赵九章、钱骥、钱学森、王大珩、陈芳允……，其中除一人外，都是叶师的弟子"。[4]

考察23位科学家的教育背景及师承关系，足以证明叶企孙曾为国家作出举世无双的科学教育与人才培养贡献。倘若结合邓小平提到的重要事实，则还可以进一步认为，多亏有叶企孙，中国才培养出自己能造"两弹一星"的科学家，进而才能在实现民族独立之后，在短期内便具备可以和美、

英、苏等大国抗衡的尖端科技实力。本文即从这一大国竞争事实入手，先对中国现代（或近代，即modern）科学教育的艰难生长展开考察，以更深入地理解叶企孙的科学教育努力及意义。所谓中国现代科学教育的艰难生长，可上溯至鸦片战争前后中国遭遇英法等西方大国经济军事入侵。其时，林则徐、魏源试图改革经学为主的传统科举教育，发展西方军工制造及操作必需的现代科技教育，但二人为驾驭西方列强提出的教育改革建议却被道光帝斥为一派胡言。最终魏源按林则徐嘱托编完《海国图志》便心灰意冷，未能创建任何科学教育机制。1860年代以后，曾国藩、李鸿章等封疆大吏为增强国家军事经济实力发起"洋务运动"，依靠徐寿、傅兰雅等创办江南制造局及福州船政局附设学堂、格致书院等新教育机制，先是围绕船炮制造及操作，后又拓展至采矿、电报等技术领域，开设天文、算学、格物、地理、化学等课程，才让中国正式诞生现代科学教育。

徐寿、傅兰雅等均是李鸿章在当时中国所能物色到的科技造诣最高的教师。但李鸿章并无设想要专门发展天文、数学、物理、化学等现代基础或自然科学，而是将这些学科视为制造枪炮的工具。徐寿、傅兰雅等也非真正的现代科学家，不了解西方基础理论及实验科学的飞跃进步。要到20世纪20年代，一般科学启蒙教育家才大体知道，仅物理学自19世纪中期起便在"力学、声学、热学、光学、电磁学"等领域迎来重大实验及理论突破。[5]徐寿、傅兰雅等所能做的主要就是从应用出发翻译西方科学教科书，且质量难有保证。何况这点难得的应用科学启蒙教育努力之后还被19世纪末兴起的主流改革动向掩盖了。1895年，康有为、梁启超等登台发起新一轮变法，以为魏源、李鸿章等都没抓到大国竞争根本，中国之所以落后于西方列强，根本原因不是不懂科技或没有船炮、火车、电报等重器，而是国家政治制度及国民政治素质不如西方。改革重心因此由增强国家军事经济实力，转向改良国家政治体制或革命，加上清廷体制因腐败无法统整人心，最优秀的学子在政治改良或革命潮流影响下纷纷改学西方法政，原本统一的中国政治遂

在清末最后十年变得日益分裂。

清末改革精英中，也有少数坚持认为中国最要紧的不是政治改良或革命，而是发展工业及科技教育。杜亚泉1900年就曾专门针对"吾国之士皆热心于政治之为"，疾呼"二十世纪者，工业时代"，"政治学中所谓进步，均籍艺术以成之"。为扭转精英学子热衷于政治，发展工业竞争急需的科技教育，杜亚泉还在上海自创学馆，编辑"亚泉杂志，揭载格致算化农商工艺诸科学"。[6]此外便是编译教科书。遗憾的是，因为也非真正的科学家，杜亚泉同样主要是在传播其所见各类西方科技工艺常识，未能从发展中国基础科学、追赶西方基础科学的角度，努力先做好数学、物理、化学等基础科学教育。当然，在权力、资源、人力均很有限的情况下，杜亚泉所为已属难能可贵。更不能否认在知识精英热衷于法政学、政治分裂的清末历史进程中，中国现代科学教育之所以还能继续生长，就因有杜亚泉式的人在基层埋头普及科技教育。叶企孙儿时能形成强烈科学兴趣与志向，也要感谢有杜亚泉式的开拓者在上海从事科技启蒙教育。

1912年，国内政治分裂及斗争初告停歇，中华民国成立，蔡元培、范源濂、钟观光登台主持教育部。蔡、钟曾留学德国，范曾留学日本。尽管蔡元培最看重哲学及美学教育，但也支持发展基础理科教育。范、钟更是成为生物学开拓先锋。1914年，又有任鸿隽、胡明复等留美学子组建中国科学社，创办《科学》杂志，向国内"介绍整个的科学思想"，"成所谓思想革新之大业"。[7]留学精英成为教育领袖与科学开拓先锋有利于再造长期以来近乎舍本逐末的中国科学教育。1913年，北京大学理科算学门、物理学门、化学门开始招生，中国由此开始形成以发展基础科学为本的现代科学教育。理科学长夏元瑮1909—1912年更曾在德国柏林大学留学，且其导师还是顶级物理学家普朗克。夏元瑮很希望北大能成为理论物理学研究及人才培养中心，然而后续进展依旧艰难，到1917年，北大理科本科毕业生总计仅有19人，文科则有116人。[8]至于夏元瑮更期望的，即创办研究所，使北大及中国拿出可以和普朗克较劲的一流理论物理学新成果，更是遥不可及。

夏元瑮甚至自责："回国做教习数年，日所为者，不过温习学过之物而已，新知识增加甚少，新理之研究，更可云绝世。吾辈如此，中国学问之前途，尚有希望乎？"[9]置身优秀学子偏爱文科、经费设备奇缺、政局动荡等不利境遇，夏元瑮所能做的就是一面竭力派遣教师出洋学习基础科学前沿进展，一面做好科学名词审定、科学书籍报刊购买编译、翻译普及爱因斯坦的相对论，以此为发展物理及基础科学教育创造条件。两年后即1919年，北大开始成为全国学生向往的"新文化"中心，但北大被外界认可的"新文化"仍非数学、物理或化学等现代基础科学，而是政治运动和胡适领衔发起的新文学及白话文运动，皆系政治或文科方面的种种运动。1920年，蔡元培作为校长也注意到"外边颇有谓北京大学学生专为政治运动，能动不能静"，并在开学典礼上辩护，说投身运动乃"爱国热诚，为特别活动，一到有研究学问的机会，仍是非常镇静"。[10]

胡适作为全国教育界影响最大的"新文化"领袖，其实极推崇科学，但他只能从一般方法层面琢磨科学，泛谈科学就是"以科学的方法、科学的态度、科学的精神应对问题"，[11]其实际能做的"科学"则是以"大胆假设、小心求证"这一其概括的科学方法来重新整理国故，发明所谓系统科学的"新国故学"，并认为以往从道德、美学等角度解读《红楼梦》都错了，方法不科学。"整理国故"运动由此在全国教育界兴起，却惹来曾经学医的鲁迅看不下去，批判整理国故的人"不问什么是道德、怎样是科学，只是信口开河，造谣生事，使国人格外惑乱"。鲁迅甚至说"其实中国自所谓维新以来，何尝真有科学"。[12]1931年，陈寅恪也在清华二十周年校庆会上盘点"全国学术现状"，第一块便是"自然科学"，指出在自然科学领域，"凡近年之发明之学理，新出版之图籍，吾国学人能知其概要，举其名目，已复不易"。只有"地质生物气象等学，可称尚有相当贡献"。[13]

相比大学的科学教育，到1931年仍无法取得一流科学研究及人才培养成就，中小学科学教育同样谈不上能比清末有显著进步，多数连杜亚泉的科学常识启蒙水平都达不到。以基础教育最好的江苏省为例，1933年有人做过调查，结果小学"一千零八十校中，查其能自制标本，并注意自然科学者，为数仅十校"，"由此可推知一般的小学校，多忽略科学教育"。为数不多的科学教育在教学质量上其实也拿不出手，因为"多数小学教师竟完全凭口解释，自然教学等于国语教学"。调查者只能悲叹："在此科学昌明之世纪与科学救国之时期，如此建筑儿童科学基础，前途危险实甚。"[14] 至于中学界，则连像样的数理化基础科学教科书都编不出来。吴大猷就记得，其1921年读中学时，基础科学方面"根本就没有中文的教材"，其所入南开中学"数学课程如代数、几何、化学和物理，一切都是英文书"。南开中学因招生要求高，"学生还勉强适应得过去。但是对于全国大多数的学生来讲，在中学里面，你若没有中文教科书，就根本不能教"。[15]

也许因记忆有误，吴大猷忽视了当时中学数理化其实有中文教材。杜亚泉1923年就曾编过中学有机化学课本。只是中学中文基础科学教材编者大都和杜亚泉一样皆非科学家，即使编出来，质量上也被任鸿隽、孙学悟概括为"不三不四的本子"，造成"咱们国里科学没能下一个根基"。[16] 何况杜亚泉本人也曾交代其编化学课本时，各科科学名词如何翻译都还没有统一确定下来，[17] 只能靠非科班编者自行翻译所见良莠不一的中学科学教材。在此情况下，想让全国中学生都能通过可靠中文教材获得高质量的基础科学教育便无从谈起。大学数学、物理等系只能指望少数中学为其提供生源，甚至很难招到学生。总之，几代开拓先锋艰难探索至1920年代，虽然总算有不少人知道数理化等基础科学最重要，也建起了大中小学基础科学教育体系，但该体系的质量却令人堪忧，谈不上能为改变中国现代基础科学落后状况奠定可靠教育基础，更无可能为国培养一流科学人才。质量堪忧的原因有许多，最根本的正是吴大猷所说的"要有人，没有人就根本无从谈起"。[18] 现在要轮到叶企孙登场了，就看他将如何提升中国现代科学教育质量。

二、为国培养品行一流的基础科学人才

叶企孙正式登场是在1925年。两年后任鸿隽曾在《现代评论》发起一场讨论，其中又提到中国基础科学研究及教育之所以总是上不去，系因缺乏"领袖人才"，其学术领导能力具体包括："他不但自己能有特殊的问题，提出研究，并且对于和他相近的学科，也能指出发展的路径。他能利用他的学识经验，在短时间内，把研究事业理出一个头绪，造成一个间架，而让他人慢慢去做底细的工作。"任鸿隽认为"这样的一个领袖人才，若能找到，不要说三年五年，就是一年半载，也是很有益的"。然而任鸿隽又觉得当时中国找不到这样的科学领袖，只能请外国科学家，只是"不易请到"，"物理学化学一类的先生"更是难请，因为"到中国来，绝对没有自己工作的希望，纯粹是一种牺牲"。[19] 其他发言人也说"现在中国没有像外国那样第一流的研究领袖，想来谁都不敢否认"。[20] 本文关注的还不是中国能否找到人，而是任鸿隽的领袖人才言论很适合用来理解叶企孙登场对于中国科学教育及科学发展的重要意义。进而言之，叶企孙正是任鸿隽所期盼的领袖人才，无论学术领导力，还是牺牲精神，叶企孙都堪称不二人选。

由此必须提及洋务运动以来未曾中断的留学政策带来的一线生机，虽然多数留学生都选择工科、法政及文科，很少选择数理化等基础科学，但20世纪第一个十年，在任鸿隽看重的物理学领域，中国终于开始实现零的突破，有1人在波恩大学拿到物理学博士学位，他便是李复几。只是李复几1907年归国后"未继续从事物理学研究，而是在汉冶萍公司、汉口工巡处、四川盐务管理局等部门任工程师"。[21] 1910—1920年间，有2人获得物理学博士学位，"这时中国的物理（仍）可以说是一片空白"。但从1921年到1925年，一下子有9人在国外一流大学物理系获得博士学位，[22] 包括叶企孙。和众多留学生一样，来自上海敬业中学的叶企孙也是先考上清华学校，得以出国留学。叶企孙考入清

华是在 1911 年，当年 10 月，辛亥革命爆发，清华停课，叶企孙只得返回上海。1913 年，叶企孙重新报考清华，再次顺利脱颖而出。五年后，叶企孙进入芝加哥大学物理系直接读本科三年级。1920 年，叶企孙升入哈佛大学攻读物理学博士，时年 22 岁。

第二年，叶企孙"用 X 射线方法重新测定了普朗克常数 h 值"，比西方科学家"1917 年用光电效应方法测得的被当时公认为最准确的 h 值，更为精确，因而被国际物理学界沿用十六年之久"。1923 年，在导师布里奇曼指导下，叶企孙又改进实验方法，重新研究"液体静压力对于磁体磁导率的影响"，"将压强从 200 多大气压提高到前人未曾用过的 12000 大气压，对典型的铁磁性金属铁、镍、钴和两种碳钢的磁导率进行了精确测量，观测到前人不曾观测到的复杂现象"，"为这一领域的实验研究工作开辟了新的途径，在当时的磁学和高压物理学中都具有创新意义；同时，他又对实验进行了理论分析，其实验结果与理论分析结果能定性符合。……获得当时欧美科学界的好评"。[23] 叶企孙即靠这一创新研究于 1923 年获得哈佛大学物理学博士学位。这是中国人首次在实验及理论物理学前沿领域做出欧美科学界公认的一流成果，由此在物理学这一 20 世纪最重要的基础科学领域，中国终于有了自己的世界一流的科学博士。

假使叶企孙留在哈佛继续做研究，或许不难像其导师布里奇曼 1946 年那样靠高压电磁物理学贡献获得诺贝尔奖，但叶先生即使明知回国后无法继续推进其在哈佛开拓的研究，也依然选择回国。原因很简单，就是祖国需要和回报祖国。求学清华时，叶企孙就对诸多留学生虚度光阴以致既误己又不能回报国家感到心痛，乃至在日记里写下"祖国以巨万金供给留学生，当知何艰难困苦。谋祖国之福，而乃敷衍从事，不亦悲乎"。[24] 叶企孙选择赴美攻读物理学，正是为了有朝一日能为国谋福。1924 年叶企孙抵达上海，在第二所国立大学即东南大学担任物理学副教授，同时编辑中国科学社主办的《科学》杂志。第二年，清华学校决定办大学，叶企孙于当年 9 月被母校召回，负责创办物理学系。中国现代科学教育由此迎来崭新起点，长期连

赛道都找不到的中国，也随之可以从零开始追赶自牛顿力学起已有两百年现代基础科学的积累，并在 20 世纪初又有新一轮科学突破的西方大国了。

然而清华物理系开办之初，教授及世界一流的科学博士就只有叶企孙一人，赵忠尧、施汝为等助教虽是叶企孙看中的人才，但都刚从东南大学物理本科毕业。叶企孙很想能请到水平和他一样或比他高的教授，却无法请到。苦于无人可用的叶企孙只得将重心放在培养科学苗子上。头三年，清华物理系只招了 7 个学生。第一届 4 个，包括王淦昌、施士元等，第二届 2 个，第三届 1 个。因中学物理教育质量差，学生很少愿意选读物理学，叶企孙身为系主任唯有亲自逐年开课，期望能吸引到资质好的学生，为他们打下扎实基础，将他们引上物理学前沿赛道。原本学化学的王淦昌即因在叶企孙的普通物理学课堂上听得入迷，并能准确理解回答问题而被叶先生看中，后又在叶先生"循循善诱下"改选了物理。1926 年 3 月日寇入侵引发"大沽口事件"，王淦昌和其他清华学子一起"游行到段祺瑞政府门前示威"，"军警竟向手无寸铁的学生开枪"。王淦昌向叶企孙报告情况，叶先生悲痛之余对弟子说"谁叫你们去的？你们明白自己的使命吗？一个国家，一个民族，为什么挨打？……只有科学才能拯救我们的民族。说罢泪如雨下"。深受感染的王淦昌更因此决定攻读核物理学，并像老师那样将"爱国与科学紧密相关"视作"生命中最最重要的东西"。[25]

上课之余，叶企孙还尽可能为全校学生开讲座。任之恭就记得自己 1926 年前往麻省理工深造前，曾听过叶企孙作演讲，"预言'波动力学'（该词当时从未听到过）将是未来理论物理的主要动力"。后来果然有薛定谔因波动力学贡献于 1933 年获得诺贝尔奖，任之恭也因此"时常感到奇怪，叶企孙怎么能那么早就预见到事态的发展"。[26] 事实上，叶企孙在哈佛改进高压物理及电磁物理实验研究时，就很清楚照其创新发现继续下去，将开拓哪些新的科学前沿领域，像"叶企孙关于原子微观结构对铁磁性影响的理论预言，迄 20 世纪 60 年代才在铁磁性材料科学（诸如收录机、电脑、光盘

等）有了突飞猛进的发展与变化"。再如叶企孙到任清华后，发现大礼堂"音质极差，既有回音又有混响"，为此叶企孙带领赵忠尧等助教"开创了国内建筑声学之先河"。1927年叶企孙发表论文，"从理论上解决了大礼堂听音困难之症结，从实践上提出了改正大礼堂音质的好办法"。在美国，类似声学难题是1918年提出，到1924年才被伊利诺伊大学物理学教授沃森解决。叶企孙不到两年便解决这一声学难题，"也可谓是站在该学科前沿上"。[27]

无奈叶企孙即使知道必然诞生诸多重要新领域，也没法立即着手展开研究以争取领先一步，他只能全力做好清华物理教育，为助教及学生将来深造奠定扎实理论及实验基础。1927年，赵忠尧前往加州理工攻读博士，第一届毕业生王淦昌、施士元等被送往柏林大学、巴黎大学攻读博士，专业都是最前沿的领域，如射线、原子结构、核变。1928年，叶企孙终于请到两位世界一流的科学博士吴有训和萨本栋来清华任教。1929年起，又有周培源、熊庆来、张子高、任之恭等一流物理学、数学及化学博士陆续学成归来加入清华，叶企孙因此可以在1929年创办理学院及各科研究所。这些"在当时国内尚属首创"。[28]叶企孙认为本科不能专业化，学物理必须同时有机会学化学及数学；反之亦然，所以必须办理学院，否则学生很难有大的发展空间或成为一流物理及其他科学人才。办研究所、建实验室则是为了让教师回国后能继续通过实验，推进其在国外开拓的前沿研究，并为优秀本科毕业生提供研究及深造机会。

得益于叶企孙全力创造条件，一批世界一流的科学博士来到清华任教后才得以继续推进其在国外开拓的前沿研究。吴有训更是"首得在国内从事研究并获有成绩"。1930年，吴有训完成"关于X线散射研究论文一篇，寄往英国自然周刊发表"，被严济慈誉为"实开我国物理学研究之先河"，[29]堪称中国人首次在本土做出一流科学成果。叶企孙请吴有训时，就破例把后者薪金定得比他还高，因为他觉得就对近代物理尤其20世纪物理学前沿进展的了解及研究能力而言，吴有训比他还高。为了能让请来的一流科学人才安心继续研究，使中

国也拥有能追赶西方基础科学前沿的科学研究与教育中心，叶企孙作为系主任兼院长，"总是乞求为下属创造一个好环境，好待遇"。其对吴有训如此，对萨本栋亦如此，"为使萨本栋专心研究并矢电路及其数学问题，专心写好《普通物理学》教本等书，叶企孙自己代萨本栋讲课，以减轻萨本栋的教学负担"。[30]清华物理系之所以能迅速成为一流基础科学研究与教育中心，固然受益于清华经费相对稳定，但更要靠叶企孙作为系主任尊重爱惜一流人才，体制建构及资源配置均是为他们安居乐业创造条件。

1929年，清华物理系的教授们竟致信校长罗家伦，集体声明"本校物理系教授，因鉴于发展本系之重要，乃一致议定，自下学年起，概不在外兼课，专力于教授及研究"。[31]这更能说明，清华物理系其实已变成志同道合的科学研究及教育共同体，其使命就是以一流基础科学研究为国培养一流基础科学人才。且清华物理系教授们不光能以研究行动向学生示范西方基础科学前沿，还能向学生展现一心为国发展科学、不计个人名利得失等一流品德。就此而言，又得提起叶企孙的示范作用。吴有训、萨本栋等教授都清楚叶企孙有何学术能力及品德。学生同样容易从叶企孙言行举止中获得一流品德熏陶。比如叶企孙虽口吃，但因总想让学生迷上物理，所以其实很会教学。然而他却常对学生说自己教得不好，勉励学生努力从其他老师那学到更好的物理学。1930年，第二届学生冯秉铨、龚祖同毕业时，叶企孙就曾说："你们毕业了，这几年我教你们的课不少，教学效果不理想，我感到惭愧。……为了补偿我的不足，我请了一些比我高明的学者来任教，像萨本栋先生、吴有训先生，还有我们近年请的周培源先生，他是爱因斯坦的学生，他们都比我强。我只是有这样一个心愿：希望我们培养的学生，将来都比我们有更深的造诣，对国家的贡献更大。"[32]

说自己学问不如诸位同事高明，其实是从大局考虑的谦辞。物理系第七届毕业生钱伟长后来知道叶企孙读博士时就测定了更精确的普朗克常数值，惊讶之余曾感慨："叶老师这一贡献，鲜为人

知,而叶老师自己则几乎从来没有提起过,这种虚怀若谷的崇高品德,怎能不使人崇敬仰止?"[33]叶企孙本人所看重的也正是身教,而非依靠行政力量或制度来规训教师与学生。叶先生相信只要能让吴有训、萨本栋、周培源等安心为国从事科学研究,便能为学生树立榜样,使学生跟着成为品行一流的基础科学人才。然而1928年9月上任的校长罗家伦却竭力按蒋介石及教育部意思,以行政权力改造清华。叶企孙作为清华学术领袖随即起身反对,认为罗家伦虽有功于清华,"但在学问上根底不切实,又好大言,以致为教师们和学生们所轻视"。[34]加上毕业校友抵制、北方并未被蒋介石掌控等因素,罗家伦只得于1930年春辞职离去。之后,又发生阎锡山想派幕僚乔万选执掌清华,蒋介石任命亲信吴南轩继任校长,同样均遭到清华师生抵制。1931年,梅贻琦结束留美学生监督归来出任校长,清华体制震荡终于结束,叶企孙得以安心继续全力支持教授赶超世界科学前沿。

进入1930年代,叶企孙开始迎来可以满足其心愿的收获。1932年初,学生赵忠尧从加州理工学成归来被叶企孙请来在清华"进行核物理实验研究","并于1933年完成了有关电子对的产生与湮灭的实验,……论文发表在Nature"。[35]1933年,施士元也从巴黎大学学成归国,不仅完成最新的核物理成果,还按叶企孙嘱托从其导师居里夫人那买来镭放射源,为清华发展核物理研究提供必不可少的放射源。1934年则有王淦昌从柏林大学学成归国,其理论及实验水平在放射物理学前沿领域堪称顶级。1930年,博特和学生"用放射性钋放射的a粒子轰击铍核,发现了很强的贯穿辐射,他们把这种辐射解释为Y辐射"。王淦昌了解后,"总觉得Y辐射能否具有那么强的贯穿能力值得怀疑"。他认为"博特在实验中用的探测器是计数器,如果改用云雾室做探测器,重复博特的实验,会弄清这种贯穿辐射的性质"。他两次向导师迈特纳申请启用云雾室,1922年便开始研究Y辐射的迈特纳竟然没有理会,导致错失良机。1932年英国物理学家查德威克启用云雾室,"证实这种辐射是中性粒子流,并且计算了这种粒子的质量,这就是中子的发现。

查德威克因此获得了1935年诺贝尔物理学奖"。[36]

回国后,王淦昌对通过实验探测中微子充满信心,即使因实验条件不具备,也可以依靠追踪文献把握这一领域前沿进展,同时提出进一步研究的理论假设。可以说,1931年起叶企孙的第一批学生都已成长为国家急缺的一流基础科学人才。与此同时,叶企孙又在物色新学生,开拓更多国家急需的前沿科学。"九一八事变"爆发,日寇飞机轰炸东北,叶企孙随即率先筹办航空系,请航空动力学名家冯·卡门来华,并改革清华庚款留美政策,将非清华学子钱学森选拔出来,送往麻省理工跟随冯·卡门求学。1933年"热河事变"以来,叶企孙又安排龚祖同、赵九章前往柏林大学学习应用光学、动力气象学。1937年以来最艰苦的八年抗战时期,叶企孙又为国家自觉分担了更多责任,如通过研制炸弹及电报机、募捐等方式支持抗战。即使责任更多,叶企孙仍在战火中努力维系其与清华师生开拓的水平堪称世界一流的基础科学研究与教育事业。尽管许多实验无法进行,但至少能在理论探索方面紧追乃至超越西方前沿进展。杨振宁、李政道等诺贝尔奖获得者便是在这一时期打下攀登前沿科学高峰必需的理论基础。

办好清华物理系及理学院之余,叶企孙还曾支援北大理科发展,如与北大理学院院长饶毓泰携手优化中国现代基础科学教育,派吴有训到北大讲授普通物理学,让北大学生也有机会接受当时国内水平最高的科学教育。钱三强听课后,便因"认识到清华名师的水平,被其所吸引,就转到清华物理系"。[37]当时没有今日的大学排行榜或学科排名体系,但北大清华之间也存在竞争。不过叶企孙、吴有训、萨本栋所想都是提升整个国家的基础科学教育及研究水平,所以会去支援北大。叶企孙替萨本栋上课,使后者安心编好普通物理学教材,也是为了让全国大学生有机会接受最好的基础教育。大学外,更让叶企孙揪心的乃是当时中学物理及科学教育质量低劣,如没有像样的教材,教师因不懂科学很容易将教学扯到远离科学的方向上去,学生即使努力也学不到科学。甚至清华物理系及理学院选拔上来的堪称全国最优秀的中学生,连必须做好哪些最基本的物理实验都未掌握，导致叶企孙1926年起"每年仍需开高中物理一班，以补不足"，[38]并为全国中学编写物理实验教材。

吴有训也在《科学》上特地撰文介绍叶企孙所编中学物理实验教材，"深佩编者规划之精细"。[39]但相比胡适一系宣传的教育生活化或活动化可以主导中小学教学改革走向，叶企孙及吴有训的努力在中小学领域则很难看到有多大反响。好在中小学的科学教育质量无论多差，终究还有叶企孙及其同事在清华发展世界一流的科学教育。他们奋战到1940年代便已为国家培养出日后制造"两弹一星"必需的基础科学人才，其领衔者正是叶企孙的清华大弟子王淦昌。王淦昌记得"浩瀚的戈壁滩上空升起光彩夺目的大蘑菇云的时候"，陈毅元帅曾对他说"那个东西响了，我这个外交部长就好当了"，聂荣臻元帅也说"靠人家靠不住，也靠不起"，"只能把希望寄托在本国科学家身上"。王淦昌自己则感慨道："在这个时候我不能不想起我的师长叶企孙教授，只要细看看投身于两弹事业的科技骨干名单，就会看出这些人大都是叶师创建的物理系培养出来的学生，或者是叶师学生的学生。"[40]这些学生还曾"受到过批斗监禁"，"可是他们在受了冤屈、凌辱之后，不改爱国和忠于科学事业的初衷，忍辱负重依旧全身心投入事业中去，艰苦拼搏，默默无闻地工作"。[41]名师出高徒，他们都是叶企孙由创办清华物理系入手为国培养的品行一流的基础科学人才。

三、对于当前中国科学教育的启示

如之前所述，本文先是从大国竞争角度梳理中国现代科学教育的艰难成长，从中可以看出，为对抗西方大国军事经济入侵，中国自1860年代起开始发展现代科学教育。尽管曾遭遇传统科举教育束缚，以及改革精英热衷于政体重建、国内政局动荡等一系列不利因素，但不同时期总会有人在不利处境中努力推进现代科学教育。到清末民初，中国现代科学教育终于由最初少数机构的教育实验发展成大中小学科学教育体系。然而这些不过是规模扩

张，论及质量提升，却长期未能进步，而且数十年来甚至都没有人能知道中国现代科学教育质量不足在哪。到蔡元培、夏元瑮、任鸿隽等留学精英登台，总算明白此前科学教育过于关注应用科学，相比西方大国，中国真正缺少的乃是数理化等基础自然科学，所以必须提高基础科学教育质量。然而即使知道质量不足在哪，也只能徒呼奈何，因为直到1920年，中国也找不出能把基础科学教育做好的人，尤其是能把学生引入西方基础科学前沿领域的一流科学家，整个教育界更连一个都难找到。

了解上述背景及中国现代科学教育质量提升难题之后，显然有利于在既有研究基础上进一步认识叶企孙的重要意义。叶企孙确如汪永诠教授所言："是我国科学界、物理学界的老前辈，对我物理学以及整个自然科学教育的教育、人才培养和科学研究的发展都曾作出卓越的不可磨灭的贡献。"[42]同时，叶先生也如储朝晖教授所说具有非凡"教育感"，善于"把学生的优势潜能引向世界科技发展的前沿地带，培养出杰出人才"。但从本文的历史考察来看，还可以进一步认为，就中国现代科学教育而言，长期以来悬而未决的质量提升难题到叶企孙登场才开始予以解决，或者说直到叶企孙1925年在清华大学创办物理系，中国才谈得上开始切实发展质量一流的现代基础科学教育，即最终能把学生引入西方物理学突破引发的众多基础科学前沿领域的现代科学教育。这当中最关键的不是别的，就是叶企孙本人首先是世界一流的科学家，知道当时西方物理学实验及理论研究前沿领域，能跻身其中做出领先的研究成果，同时愿意牺牲个人科学进步，埋头从事教育，全力为中国学生也能成为一流科学人才奠定必需的实验及理论物理学基础。

清华大学也因叶企孙而能后来居上超越夏元瑮所在的北京大学，成为中国现代基础科学研究及教育中心。至于叶企孙在清华大学如何从创建物理系入手努力提升中国现代科学教育质量，本文也已做过重点考察，从对当前中国科学教育发展有何启示的角度看，以下几点值得特别归纳或再做些强调。首先是叶企孙对于大国竞争的认识以及由此

形成的坚定的科学救国理想与爱国情感，进而愿意牺牲个人科学成就投身教育，甚至终生未娶，一生都奉献给了为国培养品行一流的基础科学人才。其次是叶企孙深知中国军事经济之所以落后，是因没有真正的基础科学，即使曾有许多科学教育发展努力，也是舍本逐末只注重应用科学，此乃科学教育质量难有提升的关键所在。1919年，29岁的陈寅恪留学哈佛时也曾对吴宓说："今则凡留学生，皆学工程、实业，其希慕富贵、不肯用力学问之意则一。而不知实业以科学为根本"，一旦"境遇学理，略有变迁，则其技不复能用。"[43]所言也能抓到中国科学教育的结构缺陷，只可惜陈寅恪并未去主攻学理意义的基础科学。叶企孙则在1915年（17岁）便遗憾"国人皆颂爱迪生而不知牛顿，不理解西方的科学理论"，呼吁"同学诸君莫忽视理想科学（纯科学）"。[44]陈寅恪能发现问题已属不易，但更难得的还是叶企孙以实际行动解决中国现代科学教育质量提升难题。

尤其重要的是难题解决进路，有的固然知道真正或最基础的科学乃是理论科学，但却是在哲学或形而上学层面展开探索，将科学哲学视为真正的科学；叶企孙则是在芝加哥大学及哈佛大学的物理实验室里依靠优化实验，赶超西方物理学理论前沿。这里无法判断两种进路孰是孰非，只能感叹幸亏还有叶企孙式的进路，否则不知道中国何时才可以找到20世纪因西方物理学突破形成的基础科学赛道，以及该如何培养能将最前沿的物理学成果应用于原子弹制造的科学人才。由此将引出需要强调的第三点启示，即叶企孙创建清华物理系以来，一直渴望能请到能在西方物理学前沿领域取得突破，甚至水平比他高的科学博士担任教授，然后不计个人名利得失，为他们在清华继续从事前沿研究创造条件。1927年，叶企孙规划物理系时甚至提出"教学生不过是一部分的事"，"大学校的灵魂在研究学术"，"物理系的目的就重在研究方面"。[45]叶企孙不把教学视为本科核心工作，并不表示他轻视培养学生，相反恰恰为了能让学生成为一流基础科学人才，所以他才把聘请一流科学博士、让他们安居乐业视为本科核心工作。

请到一流科学博士，自然知道本科必须开哪些课，才能让学生具备追赶西方物理学及科学前沿必需的基础理论知识及实验能力，像吴有训、萨本栋，便为学生开设了近代物理、普通物理学等必需课程。总之，教学方面叶企孙最看重的也是先要有能做出一流基础科学研究的教师。为确保教师、学生有时间研究，叶企孙还控制班级人数，"使不超过约十四人"，同时尽量精简课程，"重质而不重量"。[46]物理系本科需兼修数学、化学乃至社会科学和教育学，但四年下来总共也仅有26门课程。[47]之后学生通过严格毕业考核且有志继续深造，便到研究所直接跟老师合作，在前沿领域展开实验及理论研究，或到国外留学做前沿研究。这些都表明叶企孙不会把开课及教学从研究中独立出来考虑，更不会舍本逐末，追求教学指标增长。叶企孙甚至会主动替教师上课，其所言所行都是为了先夯实教学之本。这个本便是让教师有条件和时间在各自熟知的前沿领域从事研究取得一流成果，尤其不计个人名利而一心为国赶超西方科学前沿，更需要有教师身教示范在先，学生才能跟在老师后面成为品行一流的基础科学人才。

最后一点启示与优化中小学科学教育质量有关。叶企孙最看重的是让中小学生尤其高中生掌握物理基础知识，能做物理基本实验。然而小学最常见的却是把自然课上成国文课，中学则连中文数理化教科书都编不好。1917年以来，胡适领衔的杜威中国弟子及国内师范学校毕业的众多新教育家都曾大力改革中小学科学教育。然而这些改革领袖均非科学家，常常只能将科学笼统地界定为就是以科学方法解决包括人生问题在内的各种问题，科学教育也随之表现为引入美国道尔顿制、设计教学法等教学新方式，为学生设计五花八门的问题探究活动，以为这样就可以让学生学到科学。这是当时最流行的中小学科学教育改革努力，它把数理化等基础科学的基本知识掌握及实验能力培养，替换为设计各种活动使学生自主养成所谓科学的方法、科学的思想或科学的精神。至于何谓科学的方法、思想或精神，理解又莫衷一是，导致活动越多，学生及教师越不清楚科学教育究竟要学什么、教什么，犹如盲人摸象。叶企孙也不得不分出精力，为全国中学生编写物理实验教材。

大学领域同样会出现类似空泛的科学教育走势，诸多科学课程及教学只知道高喊独立研究、科学方法、大胆假设、小心求证等大道理，弄得吴有训也忍不住出来批评："这种高调的课程对具有玄谈传统习尚的中国人，非常适合口味，结果学生对于实验常识，一无训练，惟日谈自由研究不知研究为何事，以科学工作空谈便算了事。"[48]1929年，叶企孙也曾提请大学教育界注意，中国"在物理学方面，现在至少有四所大学，仪器和实验室都尚完备，但是没有人去利用"，"所以实在的困难，是在科学家太少"。说完，叶先生又谈起师范教育和中学教育，直言："师范教育办了几十年，不过成绩非常坏。出来的学生，连极根本的、极浅近的科学原理，还弄不清楚。因为师范不好，中学亦办不好。"[49]叶企孙只有将去中学任教定为清华物理系学生毕业出路之一，希望清华学子不仅可以赶超西方基础科学前沿，而且能为优化中学科学教育贡献力量。今天叶先生早已不在人世，但大中小学科学教育在质量提升方面依然面临许多问题，如广为人知的"钱学森之问"，中小学数理化被刷题及各种远离科学基础知识及实验能力的活动主导，甚至高考方案变动不居都会减少学生选择物理，所以教育理论界及一线教师仍需重温叶先生为提升中国科学教育质量付出的系列努力，光大其为国培养品行一流的基础科学人才的教育初心与进路。

参考文献：

[1][42] 沈克琦，孙佶，汪永铨.深切怀念叶企孙教授 [N].人民日报，1987-2-26.

[2] 储朝晖.叶企孙：教育感极强的大师之师 [J].教育与教学研究，2019（1）.

[3] 上海纪实频道.叶企孙 [DB/OL].（2016-8-20）[2020-1-3].https://www.iqiyi.com/v_19rrlyrh9g.html.

[4] 虞昊.我对一代师表叶企孙的认识 [M] // 钱伟长.一代师表叶企孙.上海：上海科学技术出版社，1995.

[5] 郑太朴.物理学小史 [M].上海：商务印书馆，1935.

[6] 杜亚泉.亚泉杂志序 [J].亚泉杂志，1900（1）.

[7] 任鸿隽.中国科学社二十年之回顾 [J].科学，1935（10）.

[8] 佚名.沿革一览 [A] // 国立北京大学廿周年纪念册，1917.

[9] 夏元瑮.理科研究所第二次报告 [N].北京大学日刊，1917-11-22.

[10] 北大第二十二年开学式演说词 [M]// 蔡元培全集：第3卷.北京：中华书局，1984.

[11] 胡适.科学与人生观 [N].民国日报，1923-11-16.

[12] 鲁迅.随感录三十三 [M]// 热风.北京：人民文学出版社，1973.

[13] 陈寅恪.金明馆丛稿二编 [M].北京：生活·读书·新知三联书店，2001.

[14] 沈滁生.小学校的科学教育 [J].江苏省小学教师半月刊，1933（1）.

[15][18][22] 吴大猷.早期中国物理发展的回忆 [J].物理，2005（3）.

[16][19] 任鸿隽.科学研究问题 [J].现代评论，1927（132）.

[17] 杜亚泉.编辑大意 [M]// 中等学校教科书有机化学.上海：商务印书馆，1924.

[20] 坦夫.中国的科学研究问题 [J].现代评论，1927（130）.

[21] 欧七斤.略述中国第一位物理学博士李复几 [J].中国科技史杂志，2007（2）.

[23] 周光召.纪念叶企孙先生 [M]// 钱伟长.一代师表叶企孙.上海：上海科学技术出版社，1995.

[24] 叶企孙.1915年日记 [M]// 叶企孙文集.北京：首都师范大学出版社，2013.

[25][28][40] 王淦昌.见物理系之筚路蓝缕，思叶老师之春风化雨 [M]// 钱伟长.一代师表叶企孙.上海：上海科学技术出版社，1995.

[26] 任之恭.一位华裔物理学家的回忆录 [M].太原：山西高校联合出版社，1992.

[27][30] 戴念祖，等.导读：叶企孙及其对科学和教育的贡献 [M]// 叶企孙文集.北京：首都师范大学出版社，2013.

[29] 严济慈.二十年来中国物理学之进展 [J].科学，1935（11）.

[31] 田彩凤.叶企孙与清华 [M]// 钱伟长.一代师表叶企孙.上海：上海科学技术出版社，1995.

[32] 姚树华 . 冯秉铨教授的道路 [M]. 广州：华南工学院出版社，1987.

[33] 钱伟长 . 怀念我的老师叶企孙教授 [M] // 钱伟长 . 一代师表叶企孙 . 上海：上海科学技术出版社，1995.

[34] 黄延复 . 清华的校长们 [M]. 北京：中国经济出版社，2003.

[35] 赵忠尧 . 企孙先生的典范应该永存 [M] // 钱伟长 . 一代师表叶企孙 . 上海：上海科学技术出版社，1995.

[36] 王淦昌 . 我在早期的一项研究工作 [J]. 科学，1992（1）.

[37][41][44][48] 钱伟长 . 一代师表叶企孙 [M]. 上海：上海科学技术出版社，1995.

[38] 叶企孙，郑衍芬 . 编者自序 [M] // 初等物理实验 . 上海：商务印书馆，1933.

[39] 吴有训 . 书评 [J]. 科学，1930（5）.

[43] 吴宓 . 吴宓日记：第 2 册 [M]. 北京：生活·读书·新知三联书店，1988.

[45][47] 叶企孙 . 清华物理学系发展之计划 [J]. 清华周刊，1927（11）.

[46] 叶企孙 . 物理系概况 [J]. 清华周刊，1934（13–14）.

[49] 叶企孙 . 中国科学界之过去现在及将来 [M] // 叶企孙文集 . 北京：首都师范大学出版社，2013.

Ye Qisun and Chinese Modern Science Education

ZHOU Yong

（ The Institute of Curriculum and Instruction, East China Normal University, Shanghai 200062, China ）

Abstract: It was as late as in 1920s that the reform pioneers began to know the weakness of Chinese modern science education born in 1860s was the poor quality of basic science education, including mathematics, physics and chemistry. Ye Qisun was the leading pioneer to deal with the problem of quality improvement by founding the department of physics at Tsinghua University in 1925. After years of struggle, Ye not only helped establish basic scientific research centers and talent trainning institutions, but also cultivated dozens of young scientists excellent in character and scholarship who participated in "two bombs and one satellite" project for our country. Since contemporary Chinese science educators are still faced with the problem of quality improvement of basic science education, the original ideal of Ye Qisun's science education, as well as his effective ways of leading faculties and students to catch up with the frontier of international scientific researches should not be forgotten.

Key words: Ye Qisun, Chinese Modern Science Education, Basic (Natural) Science, Problem of Quality Improvement

（责任编辑：汪海清　黄得昊）

教师知识经验的概括化与教师专业发展的新路径

郑太年

（华东师范大学国际与比较教育研究所 上海 200062）

[摘 要] 教师的知识和经验有着不同的抽象化程度和认识对象范围，过度经验化的知识存在着难以迁移的局限。本文结合课堂教学和教师专业发展的实例，探讨如何将教师在教学实践和课堂观察中的经验进行概括化，主要包括：通过具体经验的理性认识和情境化概括、类型化界定和理论关联，提升教师经验的抽象性水平；通过所探讨主题的关联和整合，拓展教师认识对象的范围。通过这些途径，支持教师形成在更大认识对象范围内、不同抽象层次上加以融合的知识，提升教师知识的可用性和教师的专业化水平。

[关键词] 教师知识 教师专业发展 教师知识的抽象性 认识对象范围 教师经验的概括化

一、教师知识：过度经验化的倾向及其局限

成为一个好教师面临着多重的挑战，最大的挑战往往在于，你不仅要掌握所教授学科／领域的内容知识，还要善于设计教学活动，促进学生在相应领域的知识掌握、能力发展以及学生的一般性发展（如思维方式、创新精神等）。精熟一个学科的知识并不意味着你就会成为教学专家，甚至会出现专家逆效应，"专业知识有时对教学是有害的，因为许多专家忘却了学生学习的难易"[1]。这一点不难理解：学科领域的专家往往因为自己精于这一领域的内容和方法，很多知识和方法成为默会的、自动化的，反而很难理解学习者——特别是普通学生和学困生——在新学习这些知识时可能会遇到的困难，更不用说促进学生在学科知识之上的高阶能力发展了。因此，从教师知识结构来看，教学设计和实践能力至关重要，这一能力的发展尤为依赖实践现场的经验，这正是教师专业化发展要面临的重要课题。

相应地，教师教育研究也更加聚焦于教师知识的实践性特点，如我国学界广为关注的舒尔曼对于实践智慧和学科教学知识的研究[2]、哈蒙对于教师教育的研究[3]、舍恩关于专业工作者如何在行动中思考的研究[4]，都着力提升教师的实践能力，或者

基金项目：本文是上海市哲学社会科学规划教育学一般项目"近十年上海初中教学方式的变与不变——课堂视频分析法的研究"（课题编号：A1714）的阶段性成果。

作者简介：郑太年，华东师范大学国际与比较教育研究所副所长，教授，博士，主要从事国际与比较教育、学习科学与教学设计研究。

改变教师成为新型的实践者,如探究型实践者[5]。这些努力的实质在于打通理论和实践之间的鸿沟,聚焦于教育教学实践分析、实践经验分享和实践问题解决,从而解决过去片面注重教师的学科知识和教育理论知识学习、忽视教师实践能力发展的问题。目前的职前教师教育更为注重教育实习、学科课程与教学论知识,在职教师的专业发展注重校本化的、置身实践现场的、聚焦实践问题的、探索实践创新的活动,也就是试图更好地提升教师的实践能力。

但是,对于实践的重视并不等同于只关注实践,甚至只关注具体的实践经验。需要注意的是:在关注实践的语境中,教师专业发展活动常常会有意无意地漠视理论甚至拒斥理论。我们在教研活动和教学观摩的现场就能看到这样的情况。在中小学教师撰写的论文中,我们也能看到这种以具体案例的描述和总结为主的状况。这反映了其以具体案例、具体经验为表征方式和储存方式的知识特征。这种知识与以抽象性概念和概括性规则方式表征和储存的知识构成一个连续统。在这个连续统的另一端,只拥有抽象性、概括性知识的教师,往往知晓教育教学的理论和原则,但是无法将其转化为具体的实践方案。在教师专业发展活动中,我们常常看到以过度概括的方式总结具体经验,比如,教师将所有气氛活跃、学生发言积极的课堂笼统地评价为"充分发挥了学生的主体性"。这样,理论和实践继续着"两个世界的故事":理论止于言辞和概念,而实践止于经验和现象,两者在教师知识的形成和发展中难以相互支持。在教研活动中,如果教师将观摩课所得简单地概括为发挥了学生的主体性、根据课标进行教学、因材施教这样过度概括化的理论或者流行的口号,那么这种方式获得的经验和知识就难以迁移到其他的实践情境之中。而在未进行任何概括的情况下,具体、特定的课堂教学实践千差万别,哪怕教学内容和要求,甚至学生整体水平相同,课堂经验也会因为课堂上教学进程的差异(如学生对于问题的理解和即时出现的错误各不相同)而难以直接移植。因而,在置身实践现场、基于实践经验和聚焦实践能力的教师专业发展活动中,我们就

需要探索一个问题:如何将实践中的具体经验和问题进行适度而非过度的概括化,从而使得教师发展出一种适于在实践中迁移的知识?或者说,教师要发展出一种在抽象程度上居于理论和经验之间、在形式上具体化了理论和概括化了实践的知识类型。也就是说,要更好地将教师的学科知识,教育理论及一般性方法,对于学生和当前教育教学的具体情境、具体实践的认识融合到一起,发展教师设计和提升学科教学实践的能力。

二、知识的抽象层次、认识对象范围和经验的概括化

人类的知识和经验是以不同方式存在的,个体和他人的经历、故事是我们储存经验最为常用的方式。但是,在说一个人"有知识"的时候,我们要表述的意思往往是这个人具有理论化的、抽象性的知识,我们在书本上读到的也多是这一类知识。知识和经验的表达方式有着不同的抽象层次,教师对于课堂教学经历的直接记忆和感受是比较具体的,而教育理论家对于通用性的教学原则的阐述则具有抽象性、概括性。这种具有抽象性的知识包含了对于教育教学现场经验的记忆和诠释,以及对于丰富的课堂实践案例的概括,再经过论证、实证研究等途径形成了通常意义上的"知识"或者"理论知识",但是这种抽象层次上的知识背后的具体经验并不一定能很好地表达出来或者被很好地领悟到。平克在其著作《风格感觉》中提出:"知识的诅咒是阴险的,因为它不但掩盖了我们思考的内容,还掩盖了思考的形式。当对一样事物很了解时,我们意识不到自己对它的思考有多么抽象。而我们也忘记了,那些过着他们自己生活的人,并没有经历我们那种抽象化的特殊历程。"[6]就是说,表达出来的知识可能会遮蔽具体的经验和过程。类似地,赖特·米尔斯在《社会学的想象力》中则写道:"每一位自觉的思想家都必须随时意识到(也因此随时有能力控制),自己正在怎样的抽象层次上进行研究。有能力自如并准确地来回穿梭于不同的抽象层次之间,正是思想家具备想象力和系统性的标志性特

征。"[7] 平克和米尔斯的这些表述显示了知识 / 经验的不同抽象层次，也即，对于具体现实 / 对象的不同概括化层次。

关于教育的知识和经验也有着不同的抽象层次和概括水平。接下来，我们以一节课为例来分析不同抽象水平上的知识和经验的形式，探讨本文所勾勒的融合理论和具体实践经验的教师知识。在这节主题为"字母系数的整式方程"的初中数学课上，教师先用两个题目引入主要内容，一个是以数字为系数的方程，另一个是以字母为系数的方程。在接下来的时间内，分别用 10 分钟、15 分钟、10 分钟讨论了三组解方程问题：第一组是（1）（3x-2）x=2（3-x），（2）3ax=6；第二组是 $bx^2-1=1-x^2$（$b \neq -1$）；第三组是（1）$x^3-10x^2+25x-12=0$，（2）$3x=\frac{1}{2}x+1$，（3）$x^2+4x-12=0$。解第一组方程时，以教师讲解为主，穿插教师主导的师生对话（教师提问，学生回答），重点讨论在解 3ax=6 两边同时除以 3a 时分类讨论的重要性；解第二组方程时，学生先解方程，教师再带着学生展开分析，中间仍然穿插着教师主导的师生对话，重点讨论为什么要分类讨论 b>1 和 b<1；第三组方程先由学生独立求解，而后呈现解题过程和结果，教师中间穿插一些提问，看其他同学有没有不同的看法，重点讨论有一个未知数的整式方程的概念及分类讨论问题。这三组方程求解和讨论的过程都以教师的总结结尾，主要是概括每一组方程涉及的知识要点。

对于这样的一节课，观课者会如何加以分析呢？在课堂观察之后的教研活动中，观课者会有不同的关注点，对于这一节课的分析、感知和记忆也有所不同。比如，可能会有以下不同的层次。

（1）对于重要的某个或者某些点 / 环节 / 片段上的具体事实，观课者可能会说，这一点我印象深刻，这个环节处理得很好或者不好。再比如这组任务设计得好或者不好（比如在这一节课中第三组方程中没有字母系数的方程），在某一次师生对话中教师处理得好 [比如在这节课中学生对于 $bx^2-1=1-x^2$（$b \neq -1$）这个方程的分类讨论这一阶段，教师引导得很好]。

（2）接着上一种的分析，进一步分析某一点或者片段好在何处，不足在何处，以及为什么。比如，如果说最后一组方程题设计得有不足的话，进一步分析原因：一是讨论整式方程的概念时应尽可能多地将其不同的变式都包含进来，这一组里没有字母系数的方程；二是在概念形成的过程中，有反例或者干扰项有助于学生理解概念的关键特征；三是作为本节课的最后一组方程，这组方程中包含字母系数的方程还有利于同时巩固（有时是拓展）本节课上刚学习过的内容。

（3）在上述（1）（2）步分析的基础上，讨论课堂教学活动中促进概念形成或者某类方法习得的一组总结性题目如何设计，以及为何如此设计，并给出具有一般性意义的教学策略或者具体方法的建议。甚至进一步就概念形成、课堂上的任务设计方法展开分析。

这里列举的三种不同的观课经验和认识结果代表了不同的知识抽象水平：第一种是直觉性的，感受型、事实记忆型的，主要是再现课堂经历及主观感受；第二种是经验引发的理性认识型的，能对主观感受进行分析、解释；第三种是情境化地概括型的，能够将具体实践案例（或者案例的环节）所处的一般性情境和在此情境中的策略加以类型化地界定，这个例子中就界定了目标（整式方程的概念形成）、情境（一组总结性题目促进概念形成和方法习得）和策略（采用变式和反例）。对于实践者而言，第三种融合了本节课中的具体情境和教学方案，但是通过类型化而提升了抽象化程度，有助于教师在同类情境中应用相似的策略。

前述的三种分析还只是从一个具体的点 / 环节 / 片段上展开，此外还可以从相互关联的点 / 环节 / 片段上展开，或者从整节课甚至一个主题教学单元乃至更为宽广的范围（学期、学年、学段）内展开。在这节课中，如果对于整节课的设计进行分析，依然可以有不同抽象层次的认识。比如：

（1）在整节课的任务设计上，将导入性任务和三组方程的任务设计关联起来，知晓其关系；

（2）对于这些任务关联的适当性加以分析、判断，明确为什么；

（3）就一节课中如何设计序列化的任务概括

出原则，明确其适用情境和教学策略，以及这种设计方案利于达成的目标。

这样，认知对象的范围就由具体的任务扩展到了序列化的任务，这三个层次就是在一节课的序列化的任务这个认识对象范围内逐步深化的。由此展开，教师还可以对一个主题或者教学单元（比如这节课的主题所属的大主题"不同类型的方程"）的序列任务加以分析和设计，形成概括程度更高的知识。

这样，从教师知识的概括性程度看课堂观察和分析的结果，我们就可以从认识对象范围和抽象程度两个维度对其加以界定，认识对象范围越大，抽象程度越高，教师知识的整体概括性程度就越高（如图 1 所示）。当然，在实践情境中形成的概括性高的教师知识仍然是由具体的实践经验、实践案例来支持的。

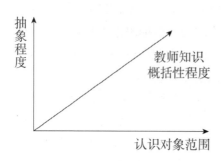

图 1　教师知识概括性程度示意图

与实践案例、具体经验相关联而且具有较高抽象性的知识也可以与教育学中更为一般性、更为抽象性的教育理论关联起来。比如，在这节课以及其他很多课堂上，在序列化的任务设计中，任务难度不断提升，从而不断挑战学生的现有认知水平；教师又通过对话、示范、对于学生的引导等策略让学生逐渐学会完成任务，习得策略和方法，这一点和维果茨基的最近发展区理论是一致的。[8]在这种理论的指导下，可以进行更为精细的任务设计，以及支持学生的脚手架设计——去引导和支持学生自己探索，而不是直接告诉学生方法和答案而代替学生的探索。[9]当学生能够独立完成解决问题的任务时，相当于维果茨基所说的，从"心理间"机能转向了"心理内"机能，即实现了知识的内化，这一进程甚至可以进一步归结为维果茨基关于学

习和发展的社会文化认知理论。[10]再比如，在这一节课中，学生反复遇到字母系数的整式方程这一关键概念和多种变式及正例／反例，这也是学生习得概念通常需要的，与概念形成的相关理论是一致的。在设计学生的反复练习时，要考虑量的适当和形式的多样化，并根据学生水平进行调整，提供及时反馈，这是与程序性知识的巩固、自动化等相关理论一致的。从更为一般性和更为抽象的层次上讲，每一项任务的设计、学习进程的展开、教师对于学生状况作出的即时调整等，都是与以学生为中心的理念、因材施教的理念相一致的。

这里，我们看到了理论知识和实践性知识的融合而不是并立。当理论有着不同抽象层次的知识和经验支持的时候，教师的知识才更有意义——有现实的所指和实践的意蕴；同样，这些直观的、个体经验式的对于教育教学场景和实际过程的记录，只有当其进行不同层次的抽象并通过模式和理论对其加以解释、进行不同层次的整合的时候，它们才能作为结构化的、某种程度上概念化的和具有生存力（具有应对困惑或者解决问题的潜能）的知识，支持教师的知识存续，并在不同的教学情境中加以应用。所以，经验的概括化，不是以更抽象的概念代替具体的经验，而是在不同抽象层次上、不同对象范围内的知识和经验的融合，教师在不同的抽象层次上自主地穿梭，实现不同层面知识的相互转化。

三、基于经验的概括化的教师专业发展：案例与方法

我国中小学的教研制度是支持我国教师专业发展的重要途径，也被认为是我国基础教育成功的重要原因之一。在教师专业发展活动中，听评课是最为常见的活动。在听评课活动中如何推进教师经验的概括化，是提升教师专业活动效能值得探索的课题。基于前文分析，可以看出：促进教师经验的概括化，一方面，要基于实践场景和实践案例，又要超越当前场景和案例的限制，将具体转化为一般，将当前经验和问题转化为在同类情境和任务中的方法和策略；另一方面，在认识对象范

围上,将探索主题加以关联,扩大认识对象的范围。在这样一种教师专业发展活动中,教师小组仍然以听评课为载体,在评课阶段强调具体经验和具体问题的一般化、抽象化,并同理论关联,强调对话主题的不断扩大和相互联结,将教师知识更好地结构化。在这一过程中,为了促进知识的迁移,除了评论听过的课并将经验概括化之外,还可以进一步将同类情境下不同主题的教学活动加以设计,也就是即时在不同抽象层次上进行知识的整合、互证和应用。

这里,我们结合一个教师专业发展活动的案例来对此加以分析。在这个小学数学教师专业发展活动案例中,不同年级、不同教学经验和水平的教师组成异质性协作的研讨小组,在为期一年的教学研讨活动中,事先不预设研讨主题,研讨小组的成员轮流进行实践—研究课的设计与教学工作,研讨围绕常规课堂教学的设计和实施展开。在每2—3周一次的研讨活动中,所有成员集体对实践—研究课进行课堂观察。这种实践—研究课基本上是精心设计的常规课,精心设计是因为要被观察和公开研讨,常规课是整个研讨活动所强调的,因此要求教师采用平时上课的方法,在内容上不刻意选择,不刻意调课,这样也是为了研究分析常规课堂上的问题。课堂观察之后进行评课研讨,研讨先对观课者提出的具体问题(包括优缺点、改进建议等)进行讨论,分析原因,然后对这个具体问题展开概括化讨论,重点分析这个问题或者某一策略有什么一般性的意义,适用的情境是什么,在同样情境的另外一个主题中教师如何借鉴这一策略改进自己的教学设计。在讨论总结阶段,主持者(来自大学的教育研究者)将整个讨论过程中涉及的主题/问题进行概括,选择重点进行总结和提升,并联系相关的理论和之前讨论过的相关主题/问题进行综述。在之后,主持者进一步将讨论的结果进行总结和提炼,形成文字,和教师教案、讨论纪要放在一起,学年末汇集成册。

比如,在一节主题为"从毫升到升"的课上,教师详细对教材的内容进行讲解,并逐一练习教材上的习题,重点是让学生达到以下教学目标:通过具体的操作活动,认识毫升和升;初步建立毫升和升的量感;知道可以使用毫升和升描述液体的多少。整节课教学目标指向清晰,教学过程流畅有序,学生也高质量地完成了教师的提问和指定的练习任务。但是,课堂观察之后,教师提出:虽然按照教学参考书的安排和教材的内容及练习安排顺利地完成了任务,但教学的内容还是显得单薄,主要是因为四年级的学生大多已经通过生活经验了解了毫升和升的概念,甚至对于它们之间的换算关系(这是下一节课的内容)也已经掌握了。于是,教师们就这一节课的活动如何更好地进行设计提出了建议。教师们提出:可以考虑在毫升与升这个"核心主题"的周边做一些扩展性的处理,就是说相关的知识和概念也可以考虑进来一并探讨;还可以将已经学过的度量单位和学生可能已经知道的度量单位(比如"斤"和"米")拿到课堂上来讨论,建立度量单位这个更上位的概念,这样对学生形成结构化的知识很有好处,对学生学习其他的度量单位会有促进作用。也有教师提出:在这里学生已经注意到了升和毫升的换算,不妨就明确出来,为下一节课的学习做铺垫。这就是在讨论具体的问题。接下来,研讨小组讨论的主题是"这种情况是否常见,可以有哪些处理方法?"。大家讨论认为当教学内容太过简单时,可以采取以下策略:(1)适当缩减学习这些内容的时间;(2)将这部分知识更好地结构化;(3)和相关联的知识联系起来进行综合分析;(4)为后续的学习进行更多的铺垫。这样就将对当前这节课中具体问题的分析扩展成了对于同类问题的分析,明确了此类问题的目标定向、情境特征和多元化的解决策略。在主持者的引导下,教师们还会结合自己遇到的同类问题,设想如何更好地展开教学活动,这样就进行了概括化知识的迁移。在这一过程中,主持者还将这一主题的讨论进一步扩展到以下问题:如何认识"教教材"和"用教材教"?如何根据学生的状况和课堂上的表现灵活设计教学活动(这也是因材施教的体现)?如何在具体知识学习的同时让学生的知识更好地结构化?这样,教师的关注点就从当前的具体教学案例逐步转移到类型化的教学设计问题,再进一步与更为一般性的教学策略和原则（这里是因材施教、知识结构化）加以关联，从而不断提升教师知识的抽象化水平。从认识对象的范围看，教师专业对话活动的探索对象也从当前的具体主题扩充到类似主题、从特定情境扩展到类似情境（教学内容对学生而言偏简单）、从当前这节课的策略扩展到类似情境下的多种可能策略，认识对象的范围不断扩大。认识对象范围和知识抽象程度两个维度上的变化融合推动了教师经验的概括化。

每次研讨之后，这些基于课堂观察和研讨的概括化知识和策略被记录下来，教师专业发展活动涉及的主题也在不断扩展。主持者有意关联这些主题，从而引导和支持教师建立知识之间的联系。很多主题会多次出现，这不断强化和发展了教师的已有知识。在研讨活动中，还可以选择来自其他教师或者网络的课堂视频的观察和分析，从而增加课堂教学及问题情境的异质性和多样性，弥补研讨组内开课和听评课的不足。在更加系统的专业发展

活动设计中，可以针对课堂观察和研讨发现的问题，或者根据研讨活动事先设计的大主题（有时是学校或者教研组的研究项目所涉及的主题），有计划地选择课堂教学视频展开课堂观察和研讨活动，在此基础上将认识对象范围不断扩大。

在主持者、专家教师等人的有效引导下，从很少量的典型课例中都可以抽象出具有较高概括性的知识形态。比如，根据前面的课例"字母系数的整式方程"，可以对课堂活动的过程安排、结构和节奏进行提炼，并将每一个环节上的其他可用策略加以拓展，从而形成一个教学活动设计的路线图（如图2所示），或者学生学习活动过程设计与分析路线图（如图3所示），形成教师对于教学设计和学习过程的整体理解，供教学设计时参考。

这种基于教师经验的概括化的教师专业发展，通过对经验中具体问题和策略的类型化发展提升其抽象性，通过与同类或者相关主题的关联与整合拓展了认识对象范围，从而实现了教师经验的概括

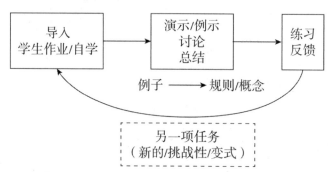

图2 基于"字母系数的整式方程"概括的教学活动设计路线图

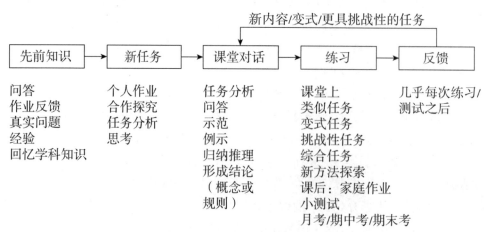

图3 基于"字母系数的整式方程"概括的学生学习活动过程设计与分析路线图

化，融合了教育实践和教育理论的知识。

四、结语

教师的直接经验，包括自己的教学实践经验和各种形式课堂观察的经验，是教师专业发展的重要资源。但是，如果这些经验仅仅停留在直观感受或者对于具体教学过程、方法、事件的记忆上，经验在提升教师专业能力方面能够发挥的作用就很有限。一些中小学教师经验有余，对于教育教学问题的理性认识不足，所了解的理论知识和从他人那里获得的经验在自己的教育教学实践中得不到应用。因而，教师专业发展应更多地考虑如何将教师的经验加以概括化。本文所探讨的基于教师经验的概括化的专业发展路径，努力将经验、实践、直觉加以概括化、理性化，甚至模式化、概念化，并同理论加以连接，从而打破理论与实践的二分状态，形成抽象性高、认识对象范围广、结构化、可迁移的概括性知识，以此推进教师知识和教师专长的持续发展，不断提升教师的专业水平。

参考文献：

[1] 约翰·D. 布兰思福特，等. 人是如何学习的：大脑、心理、经验及学校 [M]. 程可拉，等译. 上海：华东师范大学出版社，2002.

[2] 舒尔曼. 实践智慧：论教学、学习与学会教学 [M]. 王艳玲，等译. 上海：华东师范大学出版社，2014.

[3] 哈蒙. 有力的教师教育 [M]. 鞠玉翠，等译. 上海：华东师范大学出版社，2009.

[4] 唐纳德·A. 舍恩. 反映的实践者：专业工作者如何在行动中思考 [M]. 夏林清，译. 北京：教育科学出版社，2007.

[5] 沈伟. 作为探究型实践者的教师：发展内涵与路径——凯特·沃尔教授专访 [J]. 教师发展研究，2019, 3（1）.

[6] 史蒂芬·平克. 风格感觉：21 世纪写作指南 [M]. 王烁，王佩，译. 北京：机械工业出版社，2018.

[7] C. 赖特·米尔斯. 社会学的想象力 [M]. 李康，译. 北京：北京师范大学出版社，2017.

[8][10] 维果茨基. 维果茨基教育论著选 [M]. 余震球，译. 北京：人民教育出版社，1994.

[9] Reiser, B.J.& Tabak, I. Scaffolding. In: R. K. Sawyer(Eds.). The Cambridge Handbook of the Learning Sciences(Second Edition) [M].New York: Cambridge University Press, 2014.

The Generalization of Teachers' Knowledge and Experience and New Approach to Teachers' Professional Development

ZHENG Tainian

（Institute of International and Comparative Education, East China Normal University, Shanghai 200062, China）

Abstract: Teachers' knowledge and experience are different from each other in the level of abstraction and the scope of cognitive objects. But the excessive experientialization of knowledge may lead to difficulty in transfer ability. The paper explores and exemplifies how to generalize the experiential knowledge teachers obtain in teaching practice and classroom observation. Approaches to generalization include the ways to improve the level of abstraction through rationalizing, contextually generalizing and patterning experience and linking it to theories, as well as the ways to enlarge the scope of cognitive objects through relating and integrating topics and themes. The new approach to teachers' professional development supports the development of teachers' knowledge characterized by higher generalization in both the level of abstraction and the scope of cognitive objects, thus making the knowledge more feasible and the teachers more professional.

Key words: Teachers' Knowledge, Teachers' Professional Development, Abstraction of Teachers' Knowledge, Scope of Cognitive Objects, Generalization of Teachers' Experience

（责任编辑：茶文琼 黄得昊）

面向人类学的教师教育改革：理论透视与实践路径

李云星

（浙江师范大学教师教育学院 浙江金华 321004）

[摘 要] 人类学作为以他者为方法、以文化为视角、整体性研究人类生活方式的学科，能够为未来教师提供认知视角、智识启迪和民族志方法。面向人类学的教师教育改革强调以培养具有文化回应教育能力的教师为目标，以人类学课程引入为改革重心。人类学在教师教育体系中可以承担公共基础课程、学科专业课程、教育实践课程三种功能。

[关键词] 人类学 教师教育改革 文化回应教育

一、引言：作为教师教育基础学科的人类学

教育人类学家拉德森（Ladson-Billings Gloria）曾批评美国教师教育过度依赖心理学而忽视其他社会科学，尤其是人类学的现象。他指出，尽管心理学提供了儿童成长心理机制的知识，但它缺乏对学生文化的关注。典型性的职前教师会选修大量关于历史、哲学和教育社会学的基础课程。然而，课程开设存在强烈的心理学集中倾向，相关课程主要涉及儿童或青少年发展、认知与学习、特殊例外（如具有特别需要的学生）。在美国，理解教学就是要理解整个心理领域。[1]

拉德森的批评至少隐含了如下含义：教育与教学不仅仅与心理认知有关，它还涉及文化。人类学作为研究文化的学问，能够为教师培养作出自己独特的贡献。人类学能对教师教育有所贡献，在于人类学与教育学的内在关联。不论是教育学还是人类学，成人都是其核心研究对象。略显差异的是，人类学关注的是"何以成人"，即成人是如何发生的。教育学更关心"以何成人"，即如何做才能成人。这一差异也造成了人类学家与教育者在提问方式上的差异：人类学家追问的是"事情是如何的（how things are）"；教育者的提问是"对于这件事，我们能做什么（what can do about the way things are）"。[2] 没有对"何以成人"或"事情是如何的"的了解，教育者无法回答"以何成人"或"对于这件事，我们能做什么"。在此意义上，人类学应当是教育学的前提性或基础性学科之一，自然也应当成为教师教育（学）的基础学科。两者的内在关联构成了人类学介入教师教育的可能性前提。本文并不试图"照着讲"教师教育为何需要人类学，而是尝试"接着讲"人类学能够为未来教师贡献什么，以及面向人类学的教师教育改革实践路径。

作者简介：李云星，浙江师范大学教师教育学院副教授，教育学博士，主要从事教育基本理论、基础教育改革、教师教育研究。

二、理论透视：人类学对未来教师的可能贡献

（一）认知视角的贡献

人类学对未来教师的贡献首先在于认知视角，包括整全视角、文化视角和他者立场（内部人视角）。

1. 整全视角

詹姆斯·皮科克（James Peacock）曾将整全视角作为人类学的基本特征：

这一宽广的视角——有时会用一个专门术语"整体观"来表示——可能是最引人注目的人类学特征。不管一个人选择什么样的人类学定义，它都会着重强调，这是一个从整体上去理解人类许多方面的准则。进行整体思考，就是要将部分放到整体中来理解，设法掌握更大的背景和框架——在这一背景与框架内人们会有种种表现和体验。人类学的整体观至少包含三个层面：一是人类学总是试图从整体上认知和理解每种体验；二是人类学总是试图描述一个民族的整体生活方式，而不是从中抽象隔离出部分；三是人类学往往会综合多学科、多领域的知识和视角来理解研究对象。[3]

与其他学科强调由部分认识整体不同，人类学强调对局部或部分的认识必须立足于整体。当且仅当我们对整体有认知的时候，才能发现部分与部分之间的联系。人类学的这一认知视角与教育学，尤其是与当代学校教育学不同。教育学通常将对象聚焦到"具体个人"或"群体之人"。因此教师容易陷入就教育谈教育的误区，而忽视具体个人或群体背后更广泛的社会经济文化联系。以人类学观之，学习并不仅仅局限于学校，也不仅仅是知识传递或技能提升，而是涉及师生文化观念、生活方式的重构。从教育发展史来看，早期教育属于非形式化教育，教育与生活融合在一起。伴随着形式化教育尤其是制度化学校的出现，教育与生活发生了割裂与脱离。尽管学校有其存在价值，但其功能、使命和内在运行逻辑存在显著差异。因此，学校教育不仅要从重构学校教育文化角度统整考虑教育问题，更要从与整体社会文化衔接、融通的角度重构学校与社区的关联。

2. 文化视角

人类学不仅关注从整体上研究社会生活及自然生活中人类所处的位置，而且尤为关注人类为了使其生活变得有意义而建构文化框架的方式。[4]人类学尝试以文化为对象和方法，理解、构建关于异域或他者的理论。教育作为文化保存、传递、更新和创造的事业，与文化有着千丝万缕的联系。人类学文化视角对教师的意义包括两个层面。

一是有助于教师从文化视角切入、理解并解决教育问题。以人类学视域观之，教育的问题往往是文化的问题。例如，印第安人学生对教师的提问往往会报以沉默，这并不代表他们不理解或不会，而是与他们的文化相关。研究发现，印第安人学生在课外表现为"吵闹、勇敢、大胆和变化无常的好奇"，但在课堂上总是沉默。这是因为在印第安人的文化里，个人才能的展示会被看作对其他孩子的贬低。这一研究也彰显了印第安人文化与盎格鲁—美国人文化的差异。在美国白人的文化里，个体学生的主动性、竞争力和成就被认为是有价值的；而在印第安人的文化里，同样的行为是被认为不可接受甚至是不道德的。[5]人类学提醒教师：当遇到教育问题时，首先需要从文化视角重新审视现象或问题本身，透析其原因，并寻找应对方法。文化视角对于理解并解决当代中国乡村教育问题或城市学校中农民工子弟学生的教育问题尤其具有实践意义。

二是有助于教师在教育实践中确立文化相对主义的价值观念与意识。文化相对主义观念由来已久，人类学对不同的文化有着天然的敬畏之心。文化相对主义首先表现为对不同生活方式、文化价值的尊重，其次表现为对不同文化的敏感与意识。当教师学会用文化来看待问题时，会习得文化敏感。

3. 他者立场（内部人视角）

人类学的他者立场，强调从研究对象的视角——内部人视角（insider perspective）而不是研究者的角度理解他们的意义世界。被研究者既是

研究对象，又是研究方法。人类学的他者立场致力于理解他者，返回自身。这有助于教师获得关于学生的置身式理解。他者立场强调站在他者的立场或视角看待问题，即"put yourself into other's shoes"。在人类学视域下，强调要将他者的行为或语言置于他者的文化实践中理解。对教师而言，则强调将学生置于学生的成长环境中理解。这一理解，有助于教师认识到家庭环境对学生发展的形塑与制约。

在教育学史上，学生立场的确立被认为是一场哥白尼式革命。教育学视域的学生立场，强调以学生的发展作为教育的目的和终极评价标准，立足学生的发展需要和发展规律，开展、实施教育教学实践活动。尽管教育实践界认可学生立场的价值与意义，但囿于"教师中心、课堂中心、教材中心"传统教育实践文化的强大抵制力量，仍需确立学生立场并提升践行学生立场的能力。

他者立场对教师的启示在于：教师在教育教学过程中，应避免用自己的思维"强牵"学生的思维；避免用个别学生或部分学生的视角、思维与问题代替全体学生的视角、思维与问题；避免轻视学生的思维与经验；避免用习以为常、例行的模式来解读学生，或者用"好学生、坏学生"的二分法来区分学生等。他者立场强调教师应关注学生的日常语言和日常思维，尤其关注学生的叙述、对问题的理解和分析以及学生自己的术语和概念。在日常教学过程中，学生的声音，哪怕是不成熟的声音不应该被当作需要清除的杂音，而是教育教学实践的起点。

（二）本体论层面的智识启迪

在人类学看来，成人主要是通过学习（文化）机制，而不是神经化学（本能）机制来满足生物学和环境需求。成学（to learn），不是非自愿的回应，是成人（to be human），成人即成学（to be human is to learn）。[6] 这表明"成学"（教育）本是"成人之学"的研究对象。

人类学家很早就开始关注教育。早期人类学家对教育或学习的理解，远远超出学校教育范围。当大多数人将学习看作从教师到学生的科层制组织时，玛格丽特·米德（Margaret Mead）通过对萨摩亚人的研究，已经将教育看作与成年人或同伴一起做事的横向联系。金·莱夫（Jean Lave）等人的研究则聚焦日常生活中的学习，通过对裁缝、水手、屠夫等学徒制的研究，强调学习是一种合法性边缘参与的过程。在莱夫看来，学习是学习者在实践共同体中的社会参与，知识是个人与社会情境或物理情境之间互动的产物。人在实践共同体中的互动，会建构出意义与身份，它们与更广泛的情境脉络密切相关。[7] 莱夫关于情境学习的研究受到了教师教育界的极大认可和关注，他的研究高居 21 世纪以来国际顶尖教师教育 SSCI 期刊论文高频引用文献之首，总计被引 269 次。[8] 人类学的智识启迪还重构了对教育或学习的理解。正如莱夫所揭示的，日常生活中的学习是一项由边缘到中心的合法性参与过程，其中伴随着学习者意义和身份的建构。就此而言，学校教育也应当是学生意义和身份建构的过程，而不仅仅是知识接受的过程。教师的职责在于设计相应的做中学项目，让学生主动参与其中，在做的过程当中习得知识、能力、方法和思维。

人类学智识启迪还表现在通过呈现文化的多样性和揭示生活的多样可能性，让教师反思自我文化的刻板性。例如，霍尔通过对西太平洋上特罗布里恩岛上的居民研究发现，他们的时间观并不是基于现代时间观的。现代时间观认为：时间是线性的、进化发展的，是宝贵的资源，浪费时间就是浪费生命。特罗布里恩岛居民则认为，时间并不是一条一个人顺其发展的直线，而是一个人坐在一旁拍溅或在里面打滚的水坑。[9] 这一时间观并没有从根本上否定现代时间观，但它至少彰显了另外一种可能性。人类社会发展最大的障碍即失去对可能性的想象，而统统归结于一种单向的生活。"可能性"的存在，既需要知道存在多样性可能，也需要对"主流可能"或"唯一可能"进行反思。人类学的诸多研究可以让教师重新反思"现代""文明""中心""城市"等概念，并重新认识"落后""野蛮""边缘""乡村"。迁移到教育，教师也可以借由人类学思维重新思考"成功""优秀""进步"等概念，而回到学生对上述概念的自我认知，并基于学生的认知和理解，促进学生的发展。

（三）方法论层面的民族志方法

在人类学、社会学和教育学领域，民族志是关于文化的研究。做民族志的一个原因是让那些通常不可见的生活模式和生活习惯变得可见，以理解那些已经掌握这些模式和习惯知识的人，并确认特定人员知道（或不知道）和理解（或不理解）这些模式的影响。因此，民族志既是在特定社会群体内观看、观察生活的一种方式，也是记录、分析并表达生活的方式。[10] 研究表明，民族志方法可以提供影响教育的文化和社会洞见。[11] 人类学视域下的反思性实践可以提供一种策略，帮助教育者解决他们实践中的"困扰"，并在文化多元课堂中改进实践。一方面，诸如文化、背景、社会结构、权力等人类学概念提供了理解多元文化课堂的有效方式；另一方面，诸如观察、灵活访谈和人工分析有助于获取有用信息。通过运用人类学概念和信息，教育者可以通过有效的干预以改进教育实践。[12]

例如，民族志观察因本身带有内部视角以及相应的文化关切，因此更能够深度破解教育实践的内在机制。与一般量化观察不同，民族志观察强调聚焦事件、过程、主体感受和意义。教师可以单独观察教学学习过程中的学生，如准备开始学习较慢的学生和迅速开始学习的学生，并提供多样化的学习经验。同样，对于那些温顺的、安静的以及仔细思考问题的学生也给予足够的关注。日本的研究表明，民族志有利于教师加深对学生的认识，并采取相对应的教学策略。在课例研究过程中使用民族志和田野笔记的教师，可以在课堂管理中创造并运用替代性策略。基于民族志的课堂观察更有利于解释学生正在做的事情以及教师在课堂里应该做什么。[13] 另有研究通过使用民族志视角帮助候选教师（teacher candidate）成功进入一个发展中的课堂文化，并让一位休学四个月的五年级学生重新融入原来的班级。研究表明，使用民族志的观察和解释技巧，通过重组由课堂互动而已经形成的社交和学术方面的模式化实践，既可以帮助候选教师，也可以帮助返学学生成为具有社交和文化胜任力的

成员。[14]

简而言之，作为人类学核心的民族志可以帮助教育者懂得更多的学校文化和学校教育总体背景，让他们处于一个更好的立场以改进教育实践。民族志为教育研究者提供了替代性选择，将教育体系作为整体，并检验其中许多部分的关系；为不同群体、学校和学校社区的多样性提供丰富的民族志描述；民族志研究同样有助于促进家庭和学校的密切联系；它可以形成重要形态的质性评估数据，这是传统学生学业成就测评提供不了的。

三、面向人类学教师教育改革的实践路径

（一）目标更新：培育具有文化回应教育能力的教师

伴随着文化多元时代的到来，国际教师教育呈现出鲜明的文化转向特征。越来越多的国家强调教师的文化意识、文化敏感、跨文化能力和多元文化教育能力。例如，德国教师教育标准规定，未来教师需要了解学生的社会文化生活条件，包括在理论教学阶段、设计教育教学过程时注意跨文化维度，了解性别特征对教育过程的影响及其意义；见习阶段要注意到各个学习小组中的文化和社会背景的多样性等。[15] 西班牙小学教师专业培养目标也要求教师能有效处理多元文化和多种语言环境下的语言学习问题，熟悉和处理多元文化背景下的学校状况，能将教育与社会环境联系起来，并与家庭和社区开展合作，以批判的方式分析和思考影响家庭和学校与现实社会有关的问题，如代际关系的变化、多元文化和跨文化、社会歧视与融合、促进忍让等。[16]

略显遗憾的是，中国教师教育存在文化缺失或忽视问题。以"文化"为关键词检索国家教育部颁布的《幼儿园教师专业标准（试行）》《小学教师专业标准（试行）》和《中学教师专业标准（试行）》发现，仅有四处提到"文化"。其中三处出现在"终身学习"理念中的"优化知识结构，提高文化素养"。仅《中学教师专业标准（试行）》中教育知识部分提及"了解中学生群体文化特点与行为方式"。显然，

这不符合多元文化时代的发展趋势。

在文化传递、融合和创新进程中，教育承担着重要的使命。面向人类学的教师教育改革，首先在于目标更新，即培育具有文化回应教育能力的教师。文化回应教育（culturally responsive education）旨在立足学生文化差异，利用差异化文化资源，通过发展与学生文化背景和个性特征相适切的课程、教学和管理策略，以实现教育的目标。有研究者提出，文化回应性教师（culturally responsive teacher）的典型特征包括：具备社会文化意识；对多样化背景学生的坚信；认为教师有责任并有能力让学校变得更公平；懂得学生如何建构知识并有能力提升知识建构；知道学生的日常生活；在引领学生超越熟悉的时候能够基于学生已经知道的设计教学。[17]事实上，这一界定是文化意识、教育态度、教育过程知识和教育设计能力的综合。面向人类学的教师教育目标需要整合人类学的独特优势并结合教育自身的特点和目的，对未来教师提出新的要求。基于这一要求，文化回应性教师至少应具备四个层面的素养。

一是文化意识与敏感。它包括对学生、家长及其社区文化的尊重与敬畏；能够用文化视角和眼光看待透视教育问题等。

二是文化研究能力。它包括能够通过与学生、家长或其他人士的交流，明晰教育利益相关者的文化理念和教育期待；能够探究、分析学生的知识建构方式及其背后的文化影响等。

三是文化回应教育能力。在尊重文化、敬畏文化、研究文化的基础上，教师需要具备将作为资源的文化转化成课程、教学以及管理的设计和实施能力。它包括营造相互尊重、安全的文化氛围，创造学生实现能力的良好环境；整合学生的地方性知识或本土化概念进行教学设计；针对学生不同的文化背景、思维方式、学习方式采取不同但适切的教学策略；发掘地方文化资源，整合开发学生学习课程等。

四是文化反思能力。教师实践不是从已知技术工具箱中选择最佳方案的活动，它面临着复杂性、不确定性、不稳定性和价值冲突。教师需要运用实践智慧，从具体情境中构建出问题及其解决方案。在此过程中，教师需要不断地反思建构自己的专业知识。[18]教师的文化反思是教师反思的一种，但又具有独特的价值和蕴含。它促使教师思考：教育问题的产生是否存在文化差异的因素？如果存在，是哪些因素？教育如何根据这些因素进行调整设计？教育实践中有哪些文化资源可以用于教育的改进？教师自身的文化如何形塑影响教育手段和教育效果？如此等等。

需要指明的是，上述四个层面的能力或素养并不是并列或相互割裂的，而是彼此联系的统一体。

（二）课程引入：作为改革重心的人类学课程

教师教育培养目标的更新必然要求课程的变革。就人类学在教师教育实践中可能扮演的功能作用而言，至少存在以下三种形态的人类学。

1. 作为公共基础课程的人类学

公共基础课程旨在为师范生奠定教育教学的理论基础、知识基础和方法基础。通常它包括"教育学""心理学""课程论""教育研究方法"等所有师范生必选的公共基础课程。人类学作为学科基础课程包含两个目的向度：一是为未来教师提供人类学的基本理论、基本知识、基本框架和基本视角；二是为未来教师提供人类学研究方法的基础。前一目的向度的课程改革可以将"教育人类学"作为师范生必选或选修的课程；后一目的向度的课程改革可以与现有的"教育研究方法"进行整合，强调人类学研究方法的学习与运用，包括参与性观察、倾听、访谈等技术的扎实学习。作为方法的人类学课程实践在国外早已有之。人类学家兰德斯（Ruth Landes）很早就将人类学田野方法引入教师教育课程，让未来教师通过回溯家族文化遗产来反思个人的文化观念，并挑战、反思关于学生和自己的深层次假设。随后，兰德斯会要求未来教师采取人类学家的立场，在课堂中观察并做田野笔记，以此深化他们关于学生和他们自己行动和理念的理解。

2. 作为学科专业课程的人类学

作为学科专业课程的人类学，强调将人类学的基本理论、知识、方法作为学科教学的内容、资源、手段和策略。换言之，人类学相关知识或理论不再是作为透视教师研究、透视自己或他者的工具，而是作为实现教育目标的教学内容、教学方法或工具。国外教育实践中已有大量的实践案例。例如，有教师将人类学作为一个内容领域或单元，帮助学生学习文化、历史、理论、工具、实践，以及理解人类学主体知识的分类。在此基础上，人类学课程还被用来帮助学生理解他们自己以及他们更广泛的社区。也有教师让学生主动实施人类学研究，包括合作参与和自主参与人类学研究。例如，有教授四五年级的教师让学生与当地文化人类学家合作，实施一年的社区研究项目。在项目实施过程中，让班级学生访问、记录、分析当地农民和社区教堂的福音歌手，以获得文化理解、语言技能、研究经验和分析能力。[19] 还有教师让学生用人类学方法研究课堂行为，编制"民族志书（The Ethnography Book）"。学生在此过程中需要学习观察、解释、感知并分析课堂行为。"民族志书"也有助于教师获得学校生活中学生的第一手资料，包括学生的所思所想。[20] 更有教师在课堂中引入人类学方法，如在课堂中引入"民族志思维（Ethnographic Ways of Thinking）"，帮助学生将人类学工作、思维方式和理解复杂情境的愿望转换到学校和生活的情境之中。[21]

除上述实践案例之外，还存在基于人类学民族志与学科深度融合的课程开发与实施案例，如民俗数学（ethnomathematics）。民俗数学强调对传统和日常数学的研究，并将研究发现整合进符合内容标准的课程中。民俗数学承认儿童自身携带知识的价值，并鼓励儿童参与基于日常数学的活动，帮助他们发展有意义的问题解决能力和更好的数学能力。[22] 关于民俗数学，国内已有研究者开始关注[23]，但在教师教育专业课程的设置方面的实践相对较少。民俗数学仅仅提供了人类学深入学科及其教学的一个案例。类似的实践还包括涉入科学课程、社会研究课程、语言艺术课程等。[24] 换言之，上述相关的师范专业都可以将人类学作为学科专业课程，以探讨人类学与学科基础知识及其教学的整合。

3. 作为教师实践课程的人类学

《教师教育课程标准（试行）》提出，师范生教育应涵盖公共基础课程、学科专业课程和教师教育课程。其中，教育实践课程不少于一个学期。具体到各层次师范生培养课程标准，它们都强调师范生应具有观摩、参与、研究教育实践的经历与体验。在此要求的背景下，各师范专业都设计实施了教育实践课程。但目前教师教育实践课程主要聚焦师范生课堂教学规范习得、学生管理技能学习、学科教学知识运用等方面，缺乏对教育社区的深度关注，更缺乏对学生及其家庭生活方式的置身认知。在教师教育实践课程中，人类学课程及其实践的介入，不仅可以拓展教育实践的内涵，也能丰富教育实践的视角和方法。基于人类学的教育实践强调关注学生及其家庭、社区的文化。以超越认识工程（Beyond Awareness Project）为例，该项目旨在让未来教师从仅仅意识到文化差异转向发展思维习惯，包括理解学生文化并赋予其价值，认可在教学实践中考虑这些文化的需要。项目要求未来教师对所在学校的社区进行跨度为 7 个月的文化观察，观察点可以是图书馆、课后项目、地方餐馆或宗教机构，观察次数不少于 6 次。观察的重心不局限于种族问题，而是涵盖生活方式的方方面面。如关注人们的互动方式、行为模式、日常生活中的语言运用等。未来教师需要记录这些观察，并就观察对课堂教学的启示写一篇反思笔记。这些观察也会被研究者进行编码，以备后续深度分析。通过人类学方法的运用，未来教师开始与不同于他们观点的人互动，通过这些互动，未来教师可以超越认识，去教课堂中所有的学生——尤其是那些因其文化遗产或差异而被忽视的学生。通过人类学研究，未来教师能够更加批判性地检视他们所观察的情境，并质疑他们关于社区的信念和理解。[25]

四、结语：让教师成为人类学家

利特福德（Littleford Michael S）曾提及教师与人类学家的诸多相似之处："没有对需要处理的多样化情境的系列描述，教师和人类学家都无法完成他们的任务，因为在卷入之前，无法获知所有的重要问题。他们都必须随着新形态和关系的出现以及新问题的发现随时调整他们的思维。为了操作更为有效，教师和田野人类学家都必须成为敏锐的参与性观察者，这些参与性观察者能够运用必要智力工具以让工作中错综复杂的社会结构和文化背景变得明确。"[26] 利特福德认为，深度卷入、文化敏锐、参与性观察、实践智慧等构成了教师和人类学家的共通点，也蕴含了他对教育的理解：教育是一项需要教师深度了解、置身其中且充满实践智慧的文化实践活动。就此而言，每一位教师都需要成为人类学家。让教师成为人类学家，并不是让教师成为教育实践的旁观者和描述者，而是主张教师运用人类学的视角、眼光、方法和知识，在系统观察、描述和研究实践的基础上系统设计课程、教学和管理方案，从而实现教育目标。让教师成为人类学家的理念对于多元文化激荡的当代中国教育尤其具有实践价值，它需要教师教育机构的理念更新和实践探索。

参考文献：

[1] Ladson- Billings G. It's not the Culture of Poverty, it's the Poverty of Culture: The Problem with Teacher Education[J]. Anthropology & Education Quarterly, 2006, 37(2).

[2] Zaharlick A. Ethnography in Anthropology and its Value for Education[J]. Theory Into Practice, 1992, 31(2).

[3][4][9] [美] 詹姆斯·皮科克. 人类学透镜 [M]. 汪丽华, 译. 北京：北京大学出版社，2009.

[5] Dumont R V. Learning English and how to be Silent: Studies in Sioux and Cherokee Classrooms[C]. In Cazden C B, John V P, Hymes D. Functions of Language in the Classroom, Prospect Heights, IL: Waveland Press. 1972.

[6] Johnson N B. On the Relationship of Anthropology to Multicultural Teaching and Learning[J]. Journal of Teacher Education, 1977, 28(3).

[7] Jewett S, Schultz K.Toward an Anthropology of Teachers and Teaching. A Companionto the Anthropology of Education[M]. John Wiley & Sons, 2016.

[8] 李云星, 李一杉, 穆树航. 国际教师教育研究的分布特征、研究前沿与知识基础——基于 2000—2015 年 SSCI 教师教育专业期刊的文献计量分析 [J]. 教师教育研究，2016, 28(5).

[10] Carolyn R, Dixon C N, Green J L. Classrooms as Cultures: Understanding the Constructed Nature of Life in Classrooms[J]. Primary Voices K–6, 1999, 7(3).

[11][12] Jacob E. Reflective Practice and Anthropology in Culturally Diverse Classrooms[J]. The elementary school journal, 1995.

[13] Matoba M, Reza S A M. Ethnography for Teachers' Professional Development: Japanese Approach of Investigation on Classroom Activities[J]. Online Submission, 2006(4).

[14] Putney L G, Frank C R. Looking through Ethnographic Eyes at Classrooms Acting as Cultures[J]. Ethnography and Education, 2008, 3(2).

[15] 孙进. 德国教师教育标准：背景·内容·特征 [J]. 比较教育研究，2012, 34（8）.

[16] 黄志成，潘建平. 西班牙教师教育标准及其特点分析 [J]. 基础教育，2012（2）.

[17] Villegas A M, Lucas T. Preparing Culturally Responsive Teachers: Rethinking the Curriculum[J]. Journal of Teacher Education, 2002, 53(1).

[18] Schön D A. Educating the Reflective Practitioner: Toward a New Design for Teaching and Learning in the Professions[M]. Jossey-Bass, 1987.

[19] Pryor A. Deep Ethnography: Culture at the Core of Curriculum[J]. Language Arts, 2004, 81(5).

[20] Frank C, Arroyo M E, Land R E. The Ethnography Book[J]. Language Arts, 2004, 81(5).

[21] Merritt S P. Engaging Student Researchers and Teacher Researchers in the Process of Data Analysis[J]. Language Arts, 2004, 81(5).

[22] Brenner, M. Adding Cognition to the Formula for Culturally Relevant Instruction in Mathematics[J]. Anthropology and Education Quarterly, 1998, 29(2).

[23] 唐恒钧，张维忠. 民俗数学及其教育学转化——基于非洲民俗数学的讨论 [J]. 民族教育研究，2014（2）.

[24] Castagno A E, Brayboy B M K J. Culturally Responsive Schooling for Indigenous Youth: A Review of the Literature[J]. Review of Educational Research, 2008, 78(4).

[25] Lenski S D, Crumpler T P, Stallworth C, et al.

Beyond Awareness: Preparing Culturally Responsive Preservice Teachers[J]. Teacher Education Quarterly, 2005, 32(2).

[26] Littleford M S. Anthropology and Teacher Education[J]. The Educational Forum, 1974, 38(3).

Teacher Education Reform Toward Anthropology: Theoretical Analysis and Practice Paths

LI Yunxing

（ College of Teacher Education, Zhejiang Normal University, Zhejiang Jinhua 321004, China ）

Abstract: Anthropology, as a discipline that studies human lifestyle holistically from the perspective of human and culture, can provide cognitive perspective, intellectual enlightenment and ethnographic approach for future teachers. The teacher education reform toward Anthropology emphasizes the goal of training teachers who have the ability of culturally responsive education and the introduction of anthropology curriculum. Anthropology plays three roles in the teacher education system: the public basic course, the subject course, and the educational practical course.

Key words: Anthropology, Teacher Education Reform, Culturally Responsive Education

（ 责任编辑：袁玲　黄得昊 ）

孔子"成己说"浅论

——"人"在教育中的成长目的与境界

陈 军

（上海市市北中学　上海　200071）

[摘 要] 本文基于面向现代化、面向世界、面向未来的教育三个基本原则，从人的独立成长视角，分析了孔子的核心教育思想，即自我实现以及实现自我实现的三种途径——独立、批判和社会化，进而提出孔子自我实现思想对当今教育的价值。教育的目的应该是引导一个人实现自我，用自己的思想做一个充满活力的人。本文对孔子的自我实现思想进行了系统梳理，并将其应用于现代教育体系的复兴，具有一定的创新意义。

[关键词] 孔子　论语　教育　自我实现

教育要面向现代化，面向世界，面向未来。"面向"的立足点在哪里？就在自己本民族的教育思想高地上。孔子，是中华民族向世界贡献出的伟大教育家，孔子的教育思想充溢着强大的生命力，无疑，在当代以及未来都会发挥指导作用。

孔子教育思想博大精深。从笔者个人有限的学习与思考、实践与探索来看，"成己说"是孔子教育思想的总开关，是一个人类教育所共有的终极目标，即"人"的成长、解放、独立的最高境界。看起来，这个目标的呈现似乎是人生的绚烂高潮阶段，其实不然，它恰恰是人生成长的起点。只有"人"在基础教育阶段确立了"成己"目标，"人"的后续成长才会实现自觉进步。

当前的教育弊端是显而易见的，这就是重形式轻内容，重教育者如何"教"，轻受教育者内驱力如何激发。一个人的人生第一粒扣子相当重要，但不是为"人"定外塑模型，而是引导"人"自我激活成长动力。因此，教育要从内容上引导学生"面向现代化，面向世界，面向未来"，要从内驱力上激活学生成长的内部动因。要把"人"引导成真正有活力的"人"，这也许是孔子"成己说"的当代表达。

美国麻省理工学院迈克斯·泰格马克的《生命3.0》[1]告诉我们应该怎样迎接人工智能的伟大时代，应该怎样正确地关心人类命运，其更深层的含义恰恰是暗示了应该怎样通过教育使人类的后代更加具有思想性和独立性，应该怎样把"我"变成人工智能时代下不可取代的有思想的"新物种"。在泰格马克看来，人工智能可能是21世纪最重要的变革力量，而"人"，必须用这种条件"变革"自我从而使人工智能成为新"人类"的智能。这，也许就是我们教

作者简介：陈军，上海市特级校长、语文特级教师，中学正高级教师，市北中学校长，兼任上海市教师学研究会会长，主要从事面向未来的中学语文教学和中国特色教育学研究。

育的"未来观"。在这样的背景下系统学习孔子"成己说",也许有着十分紧迫的现实意义。

"成己说"内涵丰富。本文仅从"人"的独立性成长这一视角来阐释"成己"的基本要义,确立的阐述思路有三个:第一,"人"的独立性完成是一个漫长过程,因此,教育要从"己"上立意,从过程上安排;第二,"人"的独立性实现的本质是"人"能够独立思考,因此,教育要从"思考力"培养上入手,从思维方式上完善;第三,"人"的独立性存在不是孤立的,是在社会化中体现的,因此,教育要注重思想情境建设,要有文化影响的选择。

一、自主"成己":确立人生目标

现在的教育目标很清楚,就是"立德树人"。这个目标极为重要,它统领着教育工作的一切。立德树人,既反映了当代青少年身心发展的本质需求,又凝聚着国家对一代新人健康成长的总体期待,也体现了中华民族教书育人的传统精神。追溯到孔子这里,就是"成己"。所谓"成己",是指"立德树人"是成长者自己的事。这个"事"的价值就是成长者人格独立而有社会意义。所谓"成",就是"人"自身的独立性不断获取与巩固的过程。

(一)"成己"的由来与意义

在《论语·宪问》中,子曰:"古之学者为己,今之学者为人。"意思是,古代的学者,学习目的在于"为己",也就是修养好自己的学问和道德;今天的学者相反,在于"为人",也就是表面装饰自己给别人看。用今天的话说,这就是立德树人,讲的正是立德树人的自我起点与目的。

己,是一个需要成长的生命个体。这个活生生的个体有不断进步的生命需求,也就是获得知识、人格、道德等方面的成长,成为一个"人",这是一个受教育者的学习目标,当然也应是教育者的教育目标。需要强调的是,这个"目标"是成长者自我确立的,如果不是这样,而是单由教育者确立,那么这样的目标就不会在成长者心中扎根。应该说,孔子的这一目标思想在今天仍然具有极为重要的启示意义。

(二)"成己"的策略与重点

怎样"成己"?在总体教育策略上,孔子有一个自我安排。在《论语·宪问》中,子曰:"莫我知也夫!"子贡曰:"何为其莫知子也?"子曰:"不怨天,不尤人,下学而上达。知我者其天乎!"意思是,孔子感叹"没有人知道我"。子贡就问为什么这么说。孔子说:"不怨恨天,不责备人,学习一些平常的知识,却透彻了解很深的道理。知道我的也许只有天吧。"孔子这样说,意思就是希望弟子要深入认识自己的学习策略与特点。

这里的关键词是"下学""上达"。按皇侃"义疏"的解释,就是"下学,学人事""上达,达天命"。用今天的话说,就是学习的虽然是基本的知识、具体的知识、一般性的知识,但是能够由表及里,由微知著,发现其中的做人道理,上升到人生哲学的高度来体会和应用。

由"下学"而"上达",有很多迁移的智慧,最重要的就是孔子反复强调的"举一反三"和"闻一知十"。这里举一个例子。

在《论语·子罕》中,子曰:"衣敝缊袍,与衣狐貉者立,而不耻者,其由也与?'不忮不求,何用不臧?'"子路终身诵之。子曰:"是道也,何足以臧?"

衣,动词,穿。缊,碎麻。意思是,穿着破旧的麻或绵做的袍子和穿着狐或貉狸皮大衣的人站在一起而不觉得惭愧,只有仲由吧?《诗》上说不嫉妒,不贪求,为什么不好?子路听了,便反复诵读。孔子又说:"仅仅这样,怎么能好得起来?"

这就是鞭策子路要进一步认识"不忮不求,何用不臧"这句诗的人生意义,要联系生活的方方面面正向迁移。

(三)"成己"的过程与阶段

孔子的"成己",是可持续发展,是终身学习。换言之,"成己",就是以"学"为人生主线,活到老,学到老,进步到老。这样的人生就是学习的人生,始终进步的人生,不断创新的人生。

请看《论语·为政》中的这段话,子曰:"吾十有五而志于学,三十而立,四十而不惑,五十而知天命,六十而耳顺,七十而从心所欲,不踰矩。"意思是,孔子说,我十五岁,有志于学问;三十岁,懂礼仪,说话做事都有把握;四十岁,掌握了各种知识,不致迷惑;五十岁,得知天命;六十岁,一听到别人言语,便可以分辨真假,判断明是非;到了七十岁,便随心所欲,任何念头和行为不越出规矩。[2]

孔子自己概括的这个人生履历表很值得我们体味。笔者从两方面来认识。

一是,孔子勾画了六个时期的人生标志与教育内容的阶梯图谱(如图1所示)。

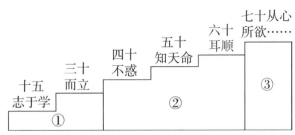

图1 孔子论"人生六时期"的阶梯图谱

首先,从"十五志于学"到"三十而立"是学习奠基期,核心标志是"立"。

其次,从"四十不惑"到"六十耳顺"是人生主体期,核心标志是"不惑"。

最后是身心自由期,核心标志是"从心所欲"。

笔者试着把这个阶段划分称作"六阶三段论"。

这个"三段论",可以看作一个人的基本的人生历程框架。虽然不是每个人都这样,但这个图谱所揭示的人的学习成长史,是具有规律性的。换句话说,一个以学习为主旋律的人,基本上都是这样一个人生过程。

需要指出的是,这个图谱不过是人生进步的"写意画"。它最核心的意思是,既是层递的,也是循环的,属于螺旋发展,都贯穿着一条人生进取的动力主线,这就是孔子特别看重的自强不息。

如果没有"自强不息"这条生命线,"六阶三段"就不复存在。换句话说,这条生命线的活力强度始终决定着"六阶"的发展高度。像"不惑""知天命""耳顺"都是讲"不惑",但又有各自的区别。这个"区别"说到底都不是外加于人的,而是自身内在发展需求所致。

二是,这个"六阶三段论"中的关键词具有深刻的内涵。

第一个关键词就是"学"。顾颉刚先生说孔子的"学"有着"清澈的理性"。[3]这个"理性"在哪里呢?我感到既肯定了学习者由学而得以进步的主体性,也表达了学习者的"学"的内涵在教育学层面上的丰富性。

学习者,是活生生的生命个体,是有学习主体性的,他们能够通过"学"而得以成长、进步,每个人都可以成为"学而知之者"。也正是因为对学习者有这样的认识,所以才有"有教无类""因材施教"的思想。"有教无类",就是相信所有的人都可以"学而知之";"因材施教",就是针对学习者不同情况而加以有针对性的教育,是对"学而知之"的精准实践。

我们知道,古人虽然没有总结出儿童发展心理学的理论,但是教育实践上已经注意到了身心发展的时序性特点,充分明确了入学时机与身心发展的对应关系。任何人,7岁前后生理变化是"毁齿"(即换牙),15岁前后生理变化是"阴阳备"(即性成熟)。"毁齿"的身体变化形成的心理条件是"识知",因此可以启蒙,渐入小学;"阴阳备"的身体变化形成的心理条件是"志明",即开始思考人生的理想,因此可以"入大学""学经术",学做人的大节大义。孔子所讲的"十有五而志于学",显然强调的是"大学",是格物致知之学,是诚意正心之学,是修身齐家之学,当然更是治国平天下之学。

第二个关键词就是"立"。"立"的解释很多,杨伯峻先生用"泰伯篇"的"立于礼"来解释"三十而立",是最精准的定义。孔子本人十分重视"礼"与"立"的关系,认为"不学礼,无以立"。"礼"之于"立"是十分重要的条件。"立"不是一般的动词"站立",而是形容"站得住""站得稳""立得牢""行得正"这样的立足于社会的稳定状态。用今天的话说,就是指人的社会性强,伦理关系正确,是社会的建设者。

第三个关键词就是"不惑"。这个词,历代经学家都有多种解注,与后边的"知天命""耳顺"一样,释义纷纭,各有其理。我们似乎没有必要过分解读,求其大义也就可以了。依钱穆的说法,"不惑",就是不为外在纷纭杂扰的事物事理所迷惑;依李泽厚的说法,"知天命",就是对自身内部思考的"不惑",即认识到自己的有限性和可能性。"知天命"不是悲观灰心,恰恰是积极地认清自己,把握自己的进取标志。"耳顺"也是"不惑"。侧重于认识通畅,不固执己见。[4] 总之,"不惑"是一个认识发展过程,在不同的人生阶段,有不同的发展要求,实际上,这也就是不同时期的"学"的任务。

第四个关键词就是开篇的第一个心理动词"志"。"志",指立志。这是后边"学""立""不惑""知天命""耳顺""从心所欲"的发动机,是人生进取的动力系统。孔子教育思想的深层酵母,就是这个"志",换言之就是"忧患意识"和"进取精神"。失去了"志",就没有了主观能动性,也就没有了信仰和理想,人生的大厦就无法建成。

二、思辨"成己":构建思维模式

"思考"的思想,是孔子教育思想的灿烂华章。真正的"成己",在孔子看来就是"成就"其"思考"。这也是一个"人"真正成为"人"的重要标志。

怎样激发学生的思考呢?孔子及其弟子用的最多的方式就是"问答",或师问生答,或生问师答,或弟子之间互相问答。总之,"问"与"答"之间,充分地构建了对话和思辨的桥梁。我们都知道孔子是世界级的大教育家,他的启发思想比苏格拉底还要早,在构建思想对话的哲学层面上,有着极为深广的内涵。

(一)"思"的含义

"思"在《论语》中是一个含义深广的独立概念,是贯穿全书的一条思想线索。

"思"在全书中出现了24次,是一个关键词。其实,全书各条无不体现了"思"的要义、要领和要害。孔子之"思",是一个哲学范畴,也是教育学概念。

从三方面来看:一是,在《论语》中,"思"与"学"是不能分开来的,是孔子哲学思想的一对范畴。"学而不思则罔,思而不学则殆。"只是读书,却不思考,就会受骗;只是空想,却不读书,就会缺乏信心。这里有两个关键词,一个是"罔",一个是"殆",表明了两种都是不好的结果。罔,诬罔。"学而不思"则受欺,与孟子所讲的"尽信书不如无书"是同一个意思,不动脑筋思考,就成了书的奴隶。殆,疑惑。怎么转到信心上来了呢?思考了,学得不够,参照少了,认识的依据不够了,必然会疑惑不前、信心不足。殆,始终是一个学习心理动词,这自然是教育心理学的智慧之光。同时,我们又要更深入地认识到,孔子所讲的"思"与"学"的辩证法,是一条指导性原则。二是,在《论语》中,"三思"是一个很重要的认识论概念。其一,指瞻顾过于周详之思考,即"三思而后行"。其二,指君子于三种情况应善加思索。《荀子·法行》记孔子言曰:"君子有三思……少思长,则学;老思死,则教;有思穷,则施也。"总之,"三思"既是认识要求,也是认识方法。三是,在《论语》中,"九思"鲜明反映了孔子的哲学、伦理学思想。无论是求知还是修身,都要从九个方面想一想。

在《论语·季氏》中,孔子曰:"君子有九思:视思明,听思聪,色思温,貌思恭,言思忠,事思敬,疑思问,忿思难,见得思义。"

朱熹"集注"说:"视无所蔽,则明无不见。听无所壅,则聪无不闻。色,见于面者。貌,举身而言。思问,则疑不蓄。思难,则忿必惩。思义,则得不苟。"因此,程子评曰:"九思各专其一。"我的体会是,九思者,多思也。既言无不思,又言思之深切。无时、无事、无处而不思。

我们中国的教育学与教学论的思想灵魂就是要教育学生进行"活的思考"。

这里要强调的是,没有"思"的"学"是不存在的,没有"学"的"思"也是不可能的。清初王夫之说:"致知之途有二:曰学,曰思……学非有碍于思,而学愈博则思愈远,思正有功于学。"匡亚明认为,这就把学思一致、相得益彰的道理讲明白了。"学而时习之,不亦说乎"中的"学""习"都包括了"思",也正是这样,所以才有"悦"的境界。

（二）"思"的基本原则

"思"，不是凭空思考，必定是有基础的。这个"基础"，可以是思考的起点，可以是思考的条件，也可以是思考的对象等。

最核心的是"学"。"学"是思考的起点，也是思考的过程，能促进思考的飞跃。没有"学"就没有"思"。所谓"学"，就是"学而不厌"，勤奋地学，持久地学，巧妙地学，相互地学，对辩地学。

主动性是充要条件。我在不同论著中经常讨论孔子的教育名言："不愤不启，不悱不发。举一隅不以三隅反，则不复也。"愤，心求通而未得之意。悱，口欲言而未能之貌。不启不发，这是孔子自述其教育方法，必使受教育者先发生困难，有求知的动机，再去启发他。这样，教学效果自然好。这是孔子着眼于学生自主学习的教育之道。

学生的学习主动性需要激发。我们提出了一个学习原则，即"举一反三"。这个学习原则对不对呢？当然是正确的。现在要讨论的是，孔子所针对的不是"反三"，而是深刻指出当学生不能"反三"时，我们该做些什么。孔子说"不复"，显然是要我们暂时放下"举一反三"这件事，不要再重复地去举这个"一"了，而是要想一想为什么举了这个"一"，学生还不能"反三"。这里分明有一个潜台词：补缺补差。也就是把学生"反三"而不能的根本条件"一"再加以推敲和研究，尤其是对于学生这个个体的"一"究竟怎么样要加以分析。

（三）"思"以独立性为标志

思，是独立性标志，所以有"我思故我在"的哲言。换句话说，没有独立性也就不可能进行积极的思考。不唯书，不唯上，只唯实，这就是独立性的简明概括。"实"，不是任何人在任何情况下都能认识到的，其本质就是"是"，离开了思考，"实事求是"就无法完成。一个"求"字就是"思"的全部意义。

就教育而言，思考的独立性相当复杂。要结合教育的具体情况来分析，独立性思考的落实尤其显得较为艰难。

最难的，是要对学生采取宽容的态度，尊重学生的思考。这方面，孔子为我们做出了榜样。只要

我们有意地研究一下他的弟子就会发现一个有趣现象：颜回与宰予是两个最值得研究的代表。对颜回，孔子是赞不绝口；对宰予，孔子是批评最多。宰予能言，是孔子周游列国的"外交部长"。《论语》中记录孔子与宰予关系的事迹共三次。第一次是宰予认为守孝不必三年，一年即可，严重冲击了孔子关于孝的价值观。第二次是宰予质询孔子："有人落入水井了，按照实践仁的要求，井边的人是不是也要下井去救？而一旦下井去救，又必死无疑。"宰予用"二难"来质疑孔子，这也严重冲击了孔子关于仁的价值观。第三次是"宰予昼寝"，孔子斥为"朽木不可雕也，粪土之墙不可圬也"。

宰予是弟子中唯一敢于在思想上冲撞孔子的人，其独立性也相当出色。匡亚明在《孔子评传》中说："他经常与孔子讨论问题，颇有独立思考的精神和独到的见解。"孟子对他也是称赞有加，说他"智足以知圣人"。《论语》不惜篇幅浓墨重彩记录宰予不是没有原因的。其中就有对独立形象的尊重，也反映了孔子的宽容精神。

（四）"思"的逻辑架构

"举一反三"和"闻一知十"是孔子构建的思考框架，体现了中国人逻辑思考的本质属性，也可以看作中华民族思维特性所在。

先看"举一反三"。

在《论语·述而》中，子曰："不愤不启，不悱不发，举一隅不以三隅反，则不复也。"

举一反三，由"举一隅不以三隅反"脱胎而来，但含义已发生本质变化。

"举一隅不以三隅反"，是指学习状态，即不能"反三"的事实。孔子强调的是面对这种情况要"不复"，即不再教了。而"举一反三"，则是演绎类推的思维方式，也可以说是一种学习方法论。这一思维方式或学习方法的特点就是"类推"，即由已知到未知的同类相推。孔子认为只要是同类，都可采用这种类推方法相推。

朱熹也说："物之有四隅者，举一可知其三。反者，还以相证之义。"用现在的话讲，举一反三是一种"思维模式"。

再看"闻一知十"。

在《论语·公冶长》中，子谓子贡曰："女与回也孰愈？"对曰："赐也何敢望回？回也闻一以知十，赐也闻一以知二。"子曰："弗如也；吾与女弗如也。"

由此可见，"闻一知十"是孔子对颜回思考特点的高度评价。一般人"闻一知二"，像颜回达到"十"的境界是极其难为的。孔子连用两个"弗如也"，可见难为的程度。这里要特别指出的是，通常认为"闻一知十"与"举一反三"是相同的类推方法。朱熹"集注"曾力图区分：知十，上知之资；知二，中人以上之资。

笔者认为，"闻一知十"是终身学习的发展过程；"举一反三"是促进"闻一知十"的最近发展区学习的联想与迁移。"闻一知十"是永远持续的过程，其认识的阶段性是显而易见的。在每一个认识的阶段，都要"举一反三"，甚至是每一个阶段中的某一个环节的学习，也应如此。正是有阶段性，因而就有了发展性。当然，发展又非直线上升，而是循环往复的。因此，"闻一知十"与"举一反三"共同构成了认识进步的结构图式，彼此辅成，相得益彰。孔子这"八字宪法"，既有纵向深入的要求，又有横向拓展的要求，简洁而又严密。

研读《论语》的重要所得之一，如图2所示。

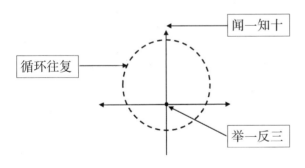

图2　认识进步结构图式

我之所得，来之于朱熹"集注"的启发。

朱注云："一，数之始。十，数之终。二者，一之对也。"其意思是，"十"是"一"的无限发展着的未来；"二"是"一"的同类对应者，如同"举一反三"的"三"。朱注又说："颜子明睿所照，即始而见终；子贡推测而知，因此而识彼。"这里提出了两对概念：一是"始"与"终"，二是"此"与"彼"。"始"是"一"，"终"也是"一"，"终"是"始"的可持续发展的未来性。"此"是"一"，"彼"则是"二"或"三"，虽属于一类，但不是同体。"二"或"三"绝不是"一"发展的未来性。这是极为重要的区分。

这里要读两段话。其一，在《论语·学而》中，子贡曰："贫而无谄，富而无骄，何如？"子曰："可也；未若贫而乐，富而好礼者也。"子贡曰："诗云：如切如磋，如琢如磨，其斯之谓与？"子曰："赐也，始可与言诗已矣！告诸往而知来者。"其二，在《论语·为政》中，子张问："十世可知也？"子曰："殷因于夏礼，所损益，可知也；周因于殷礼，所损益，可知也。其或继周者，虽百世，可知也。"

下面将上引两节文字联系起来讨论。

先看第一节。子贡问："贫而无谄，富而无骄，何如？"这实际上是肯定了"无谄""无骄"，即贫不卑屈、富不矜肆是可贵的。但孔子一方面答"可也"，一方面又递进一层——贫而乐、富而好礼更可贵。孔子这番告诫之后，子贡马上联想到《诗经》上的两句话"如切如磋，如琢如磨"。朱熹"集注"："言治骨角者，既切之而复磋之；治玉石者，既琢之而复磨之；治之已精，而益求其精也。"子贡引《诗经》之句，表明他懂得了孔子所言的真谛，孔子反对自满，即"知义理之无穷，虽有得焉，而未可遽自足也"。

对于子贡的所悟，孔子十分赞赏，曰："始可与言诗已矣！告诸往而知来者。"孔子所赞，一实一虚。实，指这样的思考悟性是读诗的基本条件；虚，指这样的思考悟性可以由往而知来。

第二节中孔子的话的意思是，殷礼继承了夏礼，周礼又继承了殷礼。知道了夏礼的损益变化就能推知殷礼的损益变化，由殷礼的损益变化就能推知周礼的损益变化。如此，也就能由周礼的损益变化来推知未来十世乃至百世的礼的损益变化。这一由往知来，由已知推知未知，才是孔子"闻一知十"的逻辑。

"十"是未来的东西，何以能由现今的"一"而知道呢？关键之处是弄懂了"一"的规律性。这也是人认识的最高境界。

（五）"思"的"问答"系统

在《论语》全书中，"问"，一共用了120次，是使用频率极高的词之一。

在实词中，仁、知、曰、人、言、问等很有趣地组合了一个论语言说的核心语词系统（如图3所示）。

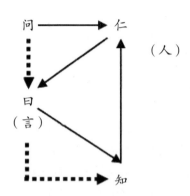

图3　核心语词系统示意图

问的内容是"仁"，言答的是关于"仁"的认知；在"知"的基础上强化实践（行），从而实现仁人之志。这，虽然是我个人的感悟，不过，似乎也确实描述了《论语》全书内容的逻辑脉络。

图中实线，表示第一轮；虚线表示第二轮。这是一个周而复始不断上升的过程，在这个过程中，对话（问、言）占主要的表达地位，与之相伴随的就是"行"，孔子与弟子的对话始终没有离开"行"。通过"行"，不断内省，不断强化思考，从而进入新一轮对话与认知。因此，这个过程既是一个表达系统，也是一个实践系统，更是一个反思系统。这样，"问→答→知→仁"的过程就是一个多维的综合的仁人成长过程。

再看"问→答→问"的递进特点。

问答之间一层推进一层，认知变化明显。"问"之时是认知1，答之时已认知2，再"问"之时已到认知3。这样的问答对话在《论语》中是相当普遍的。请看下例：

子贡问曰："赐也何如？"子曰："女，器也。"曰："何器也？"曰："瑚琏也。"

子贡问老师："我是一个怎样的人？"孔子直言不讳："你好比是一个器皿。"子贡不明白："什么器皿？"孔子道："宗庙里盛黍稷的瑚琏。"

读这一节，不妨承读上一节。子谓子贱："君子哉若人！鲁无君子者，斯焉取斯？"

子贱，孔子弟子，姓宓，名不齐，比孔子小几十岁。这么一个年轻人，孔子对其评价甚高，认为"这个人就是君子呀"。朱熹"集注"："子贡见孔子以君子许子贱，故以己为问，而孔子告之以此。"

由此可知，子贡问"赐也何如"时，认知上是把自己和子贱并在一起，视为一样的，否则，不敢这样去问。此为认知1。当孔子说他是"器"时，子贡明白了性质区别，知道自己是不能与子贱相比的，不在同一层次上，此为认知2。那么在"器"中又属于哪一类呢？子贡非常想找到明确的答案，孔子给以明确的回答，说是"瑚琏"。这是一个次于君子的很高的评价。张栻说"子贡之问，欲因师言以知己所未至矣"，这实际上是为子贡打圆场。子贡初问是想比一比，通过孔子指导后，最后的认知3也就是知道自己的具体层次了。讲到这里，子贡的认知进步也就可以看清楚了。

很有意味的是孔子"鲁无君子者，斯焉取斯"这句话。杨伯峻译文："假若鲁国没有君子，子贱这种人从哪里取来（君子）这种好品德呢？"

孔子的话大致有三层意思。一是子贱成为君子是有学习过程的，受身边榜样影响。二是如朱熹所讲的"因以见鲁之多贤也"。三是对子贡有侧面提示，你应向子贱学习。因此，我认为，如果子贡真正把自己和子贱相比较，就应当把孔子评子贱和评自己的话联系起来思考，上升到认知4这个平台，树立成为君子的信心，在现有美器的基础上向子贱学习，从而达成"不器"之境。

"问→答→问"的递进过程，是学习者通过问答在思想上、学问上、行动上更上一层楼的进取过程。

这在《论语》中的问答段落里是相当普遍的。关键是，我们要通过对内容的疏解理出其隐蔽的线索。如下一节：

子夏问曰："'巧笑倩兮，美目盼兮，素以为绚兮。'何谓也？"子曰："绘事后素。"

曰："礼后乎？"子曰："起予者商也！始可与言诗已矣。"

子夏的认知1是不明白诗句含义；认知2是明白了诗意；认知3是联系"礼"来思考；其实还有一个认知4，即听了孔子极高评价后，对自己的学习认知过程及效果有了一个判断，即对认知的"认知"。

子夏启发孔子的地方是什么呢？《论语解注合编》说："子贡因论学而知诗，子夏因论诗而知学，故皆可与言诗。"其实还没有说到位，知学，颜回也做得好，但孔子直接批评他"对于我没有启发作用"。关键是要讲"知学"的"知"究竟是"知"了什么。是"知"了"礼"在"后"吗？表面上看是这样，其实不然。

问题的重点既是"后"也是"乎"这个疑问。如果子夏答"礼后"，明确了，但片面了，孔子不取。答"礼后乎"，意在不明确但又觉得"礼后"是很重要的方面，这种既有肯定之义又存疑惑之思的"问"，才是孔子认定的"起予者"的"起"。

由此可见，"问→答→问"的递进关系，不仅指对于问题搞明白的推进过程，指问题内涵逐步生发和展开的过程，还指由问题1跳跃到问题2甚至问题3的思考演进过程。这，就是我们今天学习孔子问答艺术的目的所在。

三、"学友"成己：创设思想情境

中国教育学对于人类文明进步的贡献是巨大的，其中的教育伦理学思想更显示了孔子作为伟大教育家的思想成就。孔子的教育伦理学核心是什么呢？我以为主要表现在营造教育的精神环境方面。这个精神环境就是"学友"共同体，实质上就是思想情境。

"友"这个字，表示了交往、亲善、对话的人际关系，在教育学上的意义更是博大精深。

（一）学友思想总纲："学而"首章的思想意义

"友"，《论语》中出现了19次。

据杨伯峻的研究，先秦的语言环境中，"友"不外乎三方面意义：一是朋友义，如"昔者吾友尝从事于斯矣"；二是交朋友义，如"匿怨而友其人"；三是敬爱兄弟义，如"友于兄弟"。其主要含义还是前两方面。应该指出的是，《论语》各章并没有提出独立

的"学友"的概念。我之所以提出"学友"，既源于《论语》之"友"，又源于《论语》之"学"。

我认为，友是指人与人之间的情感状态，而学友则是指以学为主线的构建人自身以及人与人互益关系的人生方式与境界。它既指人与人的关系友善，也指自我内心的反省与进取，还指与天地自然和谐相处。而这个方式与境界必须用学来达成。

《学而篇》的首章是《论语》"学友"思想的总纲，体现了学友论的系统性。

试分说如下：

1. "学而时习之，不亦说乎"强调"学"

"学而时习之"是从学的原则、策略与方法上讲的；"不亦说乎"是从学有所成（即"成己"）的目标上讲的。无"学而时习之"就不能达到"说"的境界，也就不能达到"成己"的目的。而这样的"学"，恰恰是构建"学友"关系的前提。

2. "有朋自远方来，不亦乐乎"紧承第一句回答了与"学"密切相关的"友"的问题

"朋"为什么要从远方来到"我"这里呢？显而易见，是因为"我"这里有思想、知识、智慧。

"乐"的产生条件又是什么呢？显而易见，是因为"我"与"朋友"相互切磋，彼此交流，有重要收获，甚至共同构建了思想家园和精神共同体。

3. "人不知而不愠，不亦君子乎"确定了"友"的界限

第一，一般的人不了解"我"，一点也用不着气恼，因为"道不同不相为谋"。这里的"人"主要指思想共同体之外的"人"。

第二，虽然思想共同体内部的"人"，都是彼此为友的，但是也有思想冲突。如宰予，他是大团队中的骨干，但他又是在"仁"与"礼"的观点上向孔子提出质疑的思想者。对于这类人的"不知"，"我"也不气恼。这是倡导宽容态度的重要。

第三，难道成为君子仅是强调对"人不知"的态度吗？非也。不管是圈外"一般人""不知"，还是圈内"朋友""不知"，"我"之所以"不愠"，关键在于"我"在求知求新。"不愠"，不仅表示对于异见的宽容，而且更表示对于异见的珍视与欢迎。因

为"异见"能帮助自己形成更成熟的认识。

比如，杨树达解释"六十而耳顺"的"耳顺"："耳顺正所谓圣通也。盖孔子五十至六十之间，已入圣通之域，所谓声入心通也。"（《论语疏证》）综合起来看，耳顺，就是视野广阔、思想开放、思维流动的人格状态，其本质就是"开放性"。而人生一旦进入这样的"有容"境界，显然就是"不器"的"君子"了。

由上可知，所谓的"学友"，在发展中，有几条基本原则与追求：前提条件是好学；关键环节是交流；最终目的是"成己"，最高境界是"君子"。

儒家的教育哲学特别强调群己关系；儒家的教育伦理学特别强调群己关系的互益性，即没有"群"，也就没有"己"。反过来说，没有"己"也就没有"群"。这样的"互益"又是怎样得以生成的呢？建立稳固的相辅相成的学友关系是教育的基本条件。一切教育活动，都是为了"学"，由"学"而成"人"。而"学"又必须有"友"，即"独学而无友，则孤陋而寡闻"。因此，在教育过程之中，友，不仅是这个过程中的条件，而且其建设过程本身也就是教育。

（二）"学友"的条件和标准

1. 学友关系是以价值观认同为前提的

为什么要建立学友关系？曾子一言以蔽之。

曾子曰："君子以文会友，以友辅仁。"文，即礼乐文章；仁，人道。文，既是会友的桥梁、凭借，也是能够会友的条件。一旦形成了"友"的关系，便是"辅仁"。如钱穆所言："共进于仁道。"

也有学者认为："以文会友，重在'以文'；以友辅仁，重在'辅仁'。上句善于定交，下句精于取善。"由"文"而成"友"，由"友"而"辅仁"，构成了条件关系。

由上可知，构建"学友"的目的是"辅仁"。有了"仁"的信仰，觅友、择友、成友的坚定性就强了。

2. 学友，是不可代替的成长条件

在《述而篇》中，子曰："三人行，必有我师焉：择其善者而从之，其不善者而改之。"此章中的"必"，下得何等干脆果决！如果从通常"师"的标准上讲，这话有些武断。三人行，就一定有老师在吗？殊不知，孔子不是从"师"上立论，而是从成己之需出发，进一步明确好学之志。

孔子的学问是从哪里学来的呢？子贡回答十分精准："夫子焉不学？而亦何常师之有？"意思是"我"的老师何处不学？又为什么要有固定的老师呢？（参见《子张篇》）圣人无常师，旨在求知也。也如韩愈所言："道之所存，师之所存也。"（《师说》）

3. 要认清"学友"的标准

这方面，《论语》中有很多教诲和指导。

在《季氏篇》中，孔子曰："益者三友，损者三友。友直，友谅，友多闻，益矣。友便辟，友善柔，友便佞，损矣。"钱穆解释说，便辟，谓习于威仪，致饰于外，内无真诚，与友谅之谅正相反，谅，信义。善柔，谓工于媚悦，与友直之直正相反，工媚悦者必不能守直道。便佞，巧言口辩，非有学问，夸夸其谈，与多闻相反。[5]

孔子在这里鲜明地提出了判别益友和损友的三条基本标准：第一，友直，即友正直之人；第二，友谅，即友诚信之人；第三，友多闻，即友知识丰富之人。（参见皇侃《论语义疏》）

（三）和而不同，学友关系的特征

学友关系，是持续一生的互益关系，思想上互补，认识上互动，情感上互通，在学习过程中体现，在生活历程中打磨，在心灵深处沉淀凝聚。学友之情，无疑是人生中极为重要的力量。学友关系的基本特征就是"和"，是更高级的"和"——和而不同。

在《子路篇》中，子曰："君子和而不同，小人同而不和。"我的体会是，杨伯峻的译注似更能体现孔子的本意。抄录如下："和"与"同"是春秋时代的两个常用术语。《左传》昭公二十年所载晏子对齐景公批评梁丘据的话，和《国语·郑语》所载史伯的话都解说得非常详细。"和"如五味的调和，八音的和谐，一定要有水、火、酱、醋各种不同的材料才能调和滋味；一定要有高下、长短、疾徐各种不同的声调才能使乐曲和谐。晏子说："君臣亦然。君所谓可，而有否焉，臣献其否以成其可；君所谓否，而有可焉，臣献其可以去其否。"因此史伯也说："以他平他谓之和。""同"就不如此。用晏子的话说："君所谓可，据亦曰可；君所谓否，据亦曰否。若以水济水，谁能食之？若琴瑟之专一，谁能听之？'同'之不可也如是。"我又认为这个"和"字与"礼之用和为贵"的"和"有相通之处。因此译文也出现了"恰到好处"的字眼。

杨伯峻的译文是，孔子说："君子用自己的正确意见来纠正别人的错误意见，使一切都做到恰到好处，却不肯盲从附和。小人只是盲从附和，却不肯表示自己的不同意见。"

杨伯峻从历史语用的现实之例来类推"和而不同"的本义，同时也强调了君子不苟同，小人只能附和的人格特性。我认为，这样讲是最精准的解读，最切合孔子本意。孔子讲"君子"，讲"士"，讲朋友相处，都十分注重刚、毅、直的品性。

也正是因为君子要用自己的正确意见来纠正别人的错误意见，力求使一切都做到恰到好处；虽然有时错误的思想占了上风，然而君子却始终不肯盲从附和，所以，我们可以断定，"和而不同"必定是一个思想交锋的艰难过程。这个过程，正是低级"和"走向高级"和"的演进运动。在这个思想运动中，必然会出现分组、分裂、分蘖、分道和重新组合、并合、融合的情形，从而使得这支追求"和"的思想团队更加坚定不移，牢不可破，同心同德，和谐一体。而这，恰恰就是"学友"的"友"的境界。这样的一种"友"，自然就是"和而不同"的"学"所铸就的。

在《论语》中，多处记载了孔子与弟子之间的思想交锋。

例如，《季氏篇》中，季氏将伐颛臾。冉有、季路见于孔子曰："季氏将有事于颛臾。"

孔子曰："求！无乃尔是过与？夫颛臾，昔者先王以为东蒙主，且在邦域之中矣，是社稷之臣也。何以伐为？"

冉有曰："夫子欲之，吾二臣者皆不欲也。"

孔子曰："求！周任有言曰：'陈力就列，不能者止。'危而不持，颠而不扶，则将焉用彼相矣？且尔言过矣，虎兕出于柙，龟玉毁于椟中，是谁之过与？"

冉有曰："今夫颛臾，固而近于费。今不取，后世必为子孙忧。"

孔子曰："求！君子疾夫舍曰欲之而必为之辞。丘也闻有国有家者，不患寡而患不均，不患贫而患不安。盖均无贫，和无寡，安无倾。夫如是，故远人不服，则修文德以来之。既来之，则安之。今由与求也，相夫子，远人不服，而不能来也；邦分崩离析，而不能守也；而谋动干戈于邦内。吾恐季孙之忧，不在颛臾，而在萧墙之内也。"

颛臾乃先王之封国，则不可伐；在邦域之中，则不必伐；是社稷之臣，则非季氏所当伐也。事理虽然如此显豁，然而冉有、季路仍然前来告之，而且没有商讨之余地，这是孔子极为愤怒的原因。所以他劈头直斥："这难道不是你的过错吗？不应该责备你吗？"对于老师的指责，冉有辩解说是季孙要这么干。对此，孔子一语中的，毫不客气地说："你的话错了！"面对孔子的批评，冉有仍坚持辩说，提出了自己的看法："颛臾如果不打下，将来一定有祸害。"正如朱熹所评议的，冉有"实与季氏之谋"。在这种情况下，孔子一语双关，既揭示了季氏之用心，又直斥了冉有之虚伪："冉求！君子就讨厌那种态度，不说自己贪得无厌，却一定要另找借口。"最后的"吾恐季孙之忧，不在颛臾，而在萧墙之内也"，揭其隐患，语气坚决！

"学友互动，共建思想，拨乱反正，追求真理"，我认为这就是孔门弟子"和而不同"学友关系的基本方式和价值取向，也是对我们当代教育的深刻启示！

参考文献：

[1] [美] 迈克斯·泰格马克 . 生命 3.0[M]. 汪婕舒，译 . 杭州 : 浙江教育出版社，2018.

[2] 杨伯峻 . 论语译注 [M]. 北京 : 中华书局，2009.

[3] 顾颉刚 . 古史辨自序 [M]. 北京 : 商务印书馆，2011.

[4] 李泽厚 . 论语今读 [M]. 北京 : 中华书局，2015.

[5] 钱穆 . 论语新解 [M]. 北京 : 生活·读书·新知三联书店，2018.

The Aim of Human Growth and Development in Education:
An Analysis of Confucius's Thoughts on Self-actualization

CHEN Jun

(Shanghai Shibei Senior High School, Shanghai 200071, China)

Abstract: Based on three fundamental principles of education: to face the modernization, the world and the future, and from the perspective of human's independent growth, the author has analyzed Confucius's core thoughts on education: self-actualization and three ways to achieve it(to self-actualize independently, critically and socially). Further, the paper has proposed the value of Confucius's ideas on self-actualization for today's education. The purpose of education should be guiding a person to actualize him/herself and to be a vibrant human with his/her own thoughts. It is creative for the author to review Confucius's thoughts on self-actualization systematically and apply it to the rejuvenation of modern education system.

Key words: Confucius, the Analects, Education, Self-actualization

（ 责任编辑：杜金丹　王永静 ）

教师发展指导者课堂临床指导研究

朱连云

（上海市青浦区教师进修学院　上海　201799）

[摘　要]　我国中小学有组织的教学研究与指导，已有60余年的经验积淀，其形式与成果已成为国际主流教育研究界的一个关注点，但我们自己还缺乏精细入微的研究，特别是对教师发展指导者的研究似乎还是一个空白。本研究聚焦于教师发展指导者课堂临床指导工作这一内容，运用综合研究，将实证、元分析、文献和行动研究相结合，以经验筛选、刺激录像带分析、现场访谈和循证实践为主要方式，厘清了教师发展指导者课堂临床指导的要素与方式，揭示了教师发展指导者所拥有的知识与信念，建立了常态课堂临床指导科学化运行的模型。

[关键词]　教师发展指导者　课堂临床指导　教研

一、问题提出

中国上海2009年首次参与PISA测试，之后连续两届测试成绩都遥遥领先于其他国家。这样的成绩，引起了全世界教育界的关注，许多学者对上海教育的成功做了深入分析和研究。"为美国而教"的创始人文迪·科普（Wendy Kopp）等认为：上海在PISA测试中的优异表现，体现了上海在教育改革方面的成效，如上海的教师专业发展制度。[1]旅美教育学者马立平博士，将这种教师专业发展制度具体归因到"教研室"制度体系上，指出：中国有一个特别的机构——教研室，这个机构对于保证中国基础教育的质量，特别是在教育总体条件和经费收入，包括师资队伍的学历水平都并不理想的情况下，发挥了不可替代的作用。[2]美国哥伦比亚大学教师学院教育政策研究所主任汤姆·考克朗（Tom Corcoran），在其归纳上海教育取得成功的因素中郑重提到师徒带教、教研员频繁地听课指导等方式。[3]中国香港教育学者程介明也指出：这样的教研体制是一种中国特色，它让教师经常地、有组织地进行专业的研讨与提高，而这恰恰是其他国家难以比拟的。[4]

事实上，上海除了有完备的三级教研网络之外，还有完备的三级科研网络。到了基层学校，这两者往往融合为一，体现在实际的教研和科研活动之中。

通过PISA之窗，我们看到了自身教育的底气

作者简介：朱连云，上海市青浦实验研究所常务副所长，上海市青浦区教师进修学院教育科学研究中心主任，上海市特级教师，正高级教师，主要从事课堂教学、教师教育和区域教学改革研究。

和优势，然而，我们也需要立一面自身教育之镜，在反观中看到我们培养学生问题解决和创造能力的问题与不足。[5] 面对今后教育的发展，唯有在"窗口"与"镜子"中比照反思，才能更好地扬长避短、前行与超越。

对于上海的教研、科研体制，上海教育科学研究院顾泠沅教授有过论述，他认为教师上一堂课，可以公开研讨，可以整个备课组一起分享，同时也可以开展课题研究，把科学研究的机制和学习的机制导入其中……这样的在职教育及研修活动在世界上尤为独到，也是上海在 PISA 中连续取得好成绩的一个重要原因。

如上，教师是影响学生学习、改进课堂教学的关键因素，而教研或科研指导成为制约这一关键因素的重要条件。那么，在现有的教研体制中，教师发展指导者是如何工作的？开展课堂临床指导关注哪些要素，具有哪些关键行为？其本身应具有怎样的知识与信念？能否在一般指导下，建立起科学化的方式，使传统的教研活动真正成为教、研、修一体的教师专业发展活动？带着这些问题，我们自 2011 年起，在中、日、美三国教师发展指导者（Staff Developers，简称 SD）的跨国合作研究中建立了项目组，着重梳理教师发展指导者的工作要素、知识与信念体系和建构科学化的实践操作模型。

二、核心概念的界定

本研究"教师发展指导者课堂临床指导"，其核心概念可从这一短语中的主体和行为两个角度来界定。

其一，主体即"教师发展指导者"：广义上指帮助与指导教师专业发展的教学研究、教师培训及教学管理等人员，既包括从事职前师范教育的大学教授，也包括指导在职教师发展的教员。本研究中，教师发展指导者主要指与教师一起工作、帮助和指导教师进行课堂改进的人员，主要指省（市）、区（县）、校三级教研员、科研员、师训员和高校从事课程与教学等研究的专业人员，同时也包括学校和

区域的学科带头人与教研组长及教学领导。

其二，行为即"课堂临床指导"：指教师发展指导者深入课堂教学场景，对教师的课堂教学进行现场观察、诊断与指导，及时明晰教师的教学理念、诊断教师的教学行为，促进教师提高课堂教学水平和能力的一种专业指导行为。这里的临床指导，在内涵与价值倾向上呈现出三个特点，即：①从基于教育病理学的"纠偏"立场走向基于教育发展的"促进"立场；②从注重指导的技术取向走向教师的行动反思取向；③从居高临下的关系走向平等合作的共同体。

三、研究方法

（一）研究对象的选择

采用目的取样，全程研究对象选取中国义务教育阶段数学学科教师发展指导者 9 人，其中省市级教研员 1 人，区级教研员和特级教师 4 人，中小学教学领导和教研组长（15 年以上指导经历，副高职称）4 人。教师发展指导者知识和信念研究选取中、日、美数学学科教师发展指导者共 24 人，其中中国 12 人、日本 6 人、美国 6 人，24 人都有 15 年以上指导经历和副高以上职称；其中 6 人来自高校、12 人来自教研室和相应的指导机构、6 人来自中小学。

（二）采用综合研究（混合研究）方法

教师发展指导者的工作要素与方式研究，以访谈、现场考察、经验筛选、元分析为主。对教师发展指导者进行半结构的深度访谈，进行聚类分析；对教师发展指导者的临床指导进行现场考察，制作成录像，进行微格编码分析；对访谈、录像分析的结果与经验进行三角比较与元分析，归纳出教师发展指导者的工作要素与方式。

教师发展指导者的知识与信念体系研究，以访谈、文献分析、元分析为主。将对教师发展指导者的临床指导制作成刺激录像带，进行聚焦组访谈、编码与分析；对专家教师的知识与信念进行文献综述研究与分析；对访谈、文献分析的结果与经验进行三角比较与元分析，揭示出教师发展指导者所拥

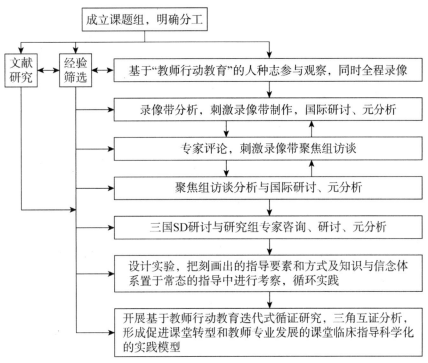

图1 研究基本流程

有的知识和信念体系。

常态课堂临床指导科学化机制探索研究,以行动研究和循证实践为主。将研究所刻画出的教师发展指导者课堂教学临床指导的要素与方式及知识与信念体系,放到一般教师发展指导者课堂教学临床指导的情境和生态视野中,进行考察并开展"三关注、两反思"教师行动教育循证实践。以此归纳出促进课堂转型和教师专业发展的课堂临床指导科学化的实践模型。

四、初步结论

(一)教师发展指导者课堂临床指导的内容要素与关键要点

教师发展指导者课堂临床指导的内容要素包括六个方面,分别为:①学科一般知识;②教学理论知识;③学情分析;④任务设计;⑤过程测评;⑥行为改进。这六大方面每个又细化为4—5项,共计28个要点(详见表1)。其中,"学科一般知识""教学理论知识"为统领性知识;而"学情分析""任务设计""过程测评""行为改进"为指导工作性知识,构成了课堂临床指导工作的四大核心要素。

(二)教师发展指导者课堂临床指导的流程框架

研究发现,教师发展指导者课堂临床指导,是指导者运用前期知识和经验的储备,在教学现场搜集信息、诊断问题,并给出处置性意见,强调的是直接指向课堂执教的教学实践知识运作的过程。

具体流程中,围绕"学情分析""任务设计""过程测评""行为改进"这四大核心要素,既重视横向指导,即从"学情分析"到"过程测评",从"任务设计"到"行为改进"的指导;又重视纵向指导,即基于"学情分析"的"任务设计"和基于"过程测评"的"行为改进"的指导(详见图2)。[6]

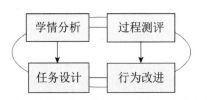

图2 课堂教学临床指导要素、流程及改进突破口

(三)弥补现实的不足,找到加强纵向指导的策略

研究发现,一般教师发展指导者的课堂临床指导是基于教师专业发展立场的指导,重横向指导,

表1　教师发展指导者课堂临床指导的内容要素与关键要点[7]

内容要素		关键要点
统领性知识	（1）学科一般知识：把握学科的体系、对象、性质和方法。	①教学内容的本意是什么；②教学内容的逻辑体系是什么；③如何抽象与表征教学内容；④如何增进活动经验与改善思维方法。
	（2）教学理论知识：知道教学理论、策略、经验与案例的一般知识。	①如何激发学生的学习情意；②怎样按循序渐进的原则安排教学内容；③如何设计与组织有意义的教学活动；④如何及时反馈学习效果信息与调整教学。
指导工作性知识	（3）学情分析：把握学生的学习基础、理解新知识的困难和学生之间的差别。	①学生已经懂得了什么；②学生自己能学懂的是什么；③学生容易误解和不理解的是什么；④学生学习的差异在哪里；⑤学生学习需要怎样的合理"铺垫"。
	（4）任务设计：基于课程标准设定教学的目标内容、策略方法、操作练习和教学过程。	①如何确定目标及其重点；②如何创设学生"心理挣扎"的机会；③如何在每个环节提供学科意义学习的机会并给予指导；④如何创设学生自觉练习的机会并进行变式训练；⑤如何设计基于目标达成的检测。
	（5）过程测评：据此检验目标达成度，修正教学过程。	①学生独立学习情况如何；②教师引导过程如何；③学生学习中出现问题教师如何处理；④学生的参与度如何；⑤学习目标达成度如何。
	（6）行为改进：设定目标和过程测评情况与现实班级的对接。	①如何实现教学重点的落实和难点的关键性突破；②学生"心理挣扎"如何聚焦于内容学习；③如何促使学生理解学科的本质意义；④如何调整练习设计的针对性；⑤如何检测目标达成度并进行反馈与调整。

即注重从"学情分析"到"过程测评"、从"任务设计"到"行为改进"，但缺乏基于"为学而教、以学论教"与教师专业化成长融合的纵向指导，即基于"学情分析"的"任务设计"和基于"过程测评"的"行为改进"的指导。有鉴于此，笔者找到两条有效的现实策略。

第一，以"一图二表三单"，来加强从"学情分析"到"任务设计"的纵向指导。通过①刻画"单元主干知识结构图谱"，②编制"学习内容与学习目标双向细目表"和"基于座位表的学情分析与精准帮助分析表"，③设计连贯一致的课前、课中、课后学习单，以此设计适切的、具有挑战性的教学任务。

第二，以现场观察和视频分析，来加强从"过程测评"到"行为改进"的纵向指导。现场观察：①整体任务设计和教学时空与环节的安排，②核心概念和内容的理解与掌握及应用，③课堂生成问题的回应和解决，④课后的检测与"出声做"访谈。视频分析：①落实教学重点的关键行为，②突破教学难点的关键行为，③处置生成问题的关键行为。

（四）教师发展指导者课堂临床指导的知识与信念体系

1. 教师发展指导者课堂临床指导的知识与信念结构

研究发现，一般的教师发展指导者进行课堂教学临床指导时，都是基于自身对教学的基本认识和价值信念而展开的，能以学生学习为核心，在具体情境中整合学科内容知识、教学理论知识和教学实践知识后，对教师教学的具体问题加以诊断与处置。对其结构进行分析，发现教师发展指导者的知识与信念体系是一个三层的套筒结构，其核心是信念层——改善学与教；其中层是指导者作为一个教师所具备的专业知识——内容性知识，主要为三大模块知识：学科内容知识、教学理论知识、教学实践知识；其外层是指导者特有的专业知识——过程性知识，主要为两大模块知识：对教师教学的诊断性知识和处方性知识（详见图3）。

图3 教师发展指导者课堂临床指导的知识与信念体系

2. 教师发展指导者知识与信念体系的形成与特征

教师发展指导者课堂教学临床指导的知识与信念是其长期实践与反思、学习与研究的结果。在研究中发现，优秀的教师发展指导者的教学指导不仅是连贯的、统整的，而且呈现出高度情境化和许多智慧特性，常在不经意之间、看似闲聊之间，给教师精准的指导，促进教师进行自主反思，不断地重构教学。而且，他们更愿意将时间和精力花在对教学问题及师情的了解上，其指导的方式也是因人、因境、因时而异的。

教师发展指导者与教师的知识与信念的差别，实质上是专家教师与一般教师的差别。在教育信念上，他们是更坚定的学生学习中心论者；在学科内容、教学理论、教学实践上比教师有更深厚和更丰富的积累。教师发展指导者和教师知识的差异

首先体现在过程维度上，即诊断性知识和处方性知识；其次是教育政策知识与案例和策略知识。

（五）优秀教师发展指导者课堂临床指导的取向

研究发现，优秀的教师发展指导者的课堂临床指导呈现出三种变化趋势。

1. 从基于教育病理学的"纠偏"立场走向基于教育发展的"促进"立场

"临床指导"一词最初来源于医学，因此早期的指导者不免参照医学病理的思想，以达到"治病"纠偏的目的。然而，随着指导实践中对教育本质意义的逐渐强调，优秀的指导者逐渐领悟到其教育内涵，如"临床"重在强调面对面地观察与诊断分析，而"指导"作为教育工作的专门领域，不同于"管理""训练"等，主要指激发和促进教师自我发展、自我完善的过程。

2. 从注重指导的技术取向走向教师的行动、反思与改进的"实践"取向

课堂教学临床指导，对于大多数教师发展指导者而言，从事指导之初，往往注重教师行为层面的改进，因而注重从技术策略上提供改进意见，而比较忽视促进教师自身深层次的教育理念的转变和基于教师自主反思后的改进。而优秀的教师发展指导者在具体的课堂临床指导中，能俯声倾听教师，了解教师的内心需求和秉性后，不仅给予行为上改进的帮助，更给予长久教学实践与思想积累的帮助，如进行专题和课题研究等，促进教师对教育的深刻认识与自主反思的行动改进。

3. 从居高临下走向平等合作的"共构和探索"取向

研究通过观察和指导水平的数据分析发现：在内容经验上，指导者不乏以自我经验为界限，对于教师的生成性和创造性经验与思索比较忽略；在彼此关系上，指导者也多为对话的中心，处于主导地位，而教师则是相对应的被指导者，较为被动。随着指导的深入与良性互动，教师的主体地位和经验思索逐渐得到指导者的重视，双方也逐渐以问题为中心开始对话交流。可见，有效的指导关系，并非居高临下，而是平等合作的探究性发展共同体。与

教师一起"共构和探索"是优秀教师发展指导者课堂临床指导的特征之一。

（六）教师发展指导者课堂临床指导科学化模型

1. 课堂临床指导应该是一个完整的、深度的科研与教研相融合的模型

如结论（三）分析所得，教师发展指导者课堂临床指导，突破的方向应是基于"学情分析"的"任务设计"和基于"过程测评"的"行为改进"。这一过程融合课堂的转型和教师的专业发展，是课堂改进和教师专业发展合作行动研究的过程，也是实现专业引领和行为跟进循环迭代的过程。基于此，我们在传统的教研基础上，借鉴现代认知"师徒制"和教师行动教育的思想，开发了"同课共构循证实践"的操作模型，试图将临床指导的经验与工作变成一种教师日常研修可操作的科学化范式，经过六年的实践研究，逐渐完善。该模型聚焦"为学而教"的课堂改进，建立研修共同体，共同体内实现"师（M）徒（N）双方捆绑"轮流教学与观摩，每轮教学与观摩都以现场分析（测评）和视频分析为依据获得教学改进的有效证据，基于证据进行反思讨论，获得教学改进的最佳证据（详见图4）。

2. 课堂临床指导科学化模型的推广研究

课堂临床指导科学化模型的推广研究，属于科研成果的推广、转化与深化，其本身就是一个独特的社会传播过程。我们的思路：一是尊重教师的创造，与不同学校和层级的教师组成合作团队，开展合作研究，使其本土化；二是开展各种教师培训，帮助教师领会实质内容，掌握操作流程，在自身的实践中加以创造性地运用；三是加强成果的应用展示与交流，提高成果的辐射与影响力。通过推广研究促使其日益迫近改革目标，形成新的课堂临床指导与研修文化。

综上所述，教师发展指导者课堂临床指导研究，经过现状分析、文献研究、聚焦访谈、经验筛选、元分析、循证实践的系统性探索过程，从中得出一些发现。可以说，这是教师发展指导者最为核心的一块，但并非是其全部。因此，需要补充说明的是，正如教师发展不应该仅仅局限于课堂教学，而应当从课堂内外，从知识、技能和情意等多方面促进。同理，一个优秀的教师发展指导者除了关注教师的课堂临床指导之外，还应关注教师的志趣、生活、德行和专业境界的修为。这些有待于今后进一步研究。

本研究主要立足于中小学数学教师发展指导者的课堂临床指导，有待于其他学科的跟进和验证。

参考文献：

[1] Wendy Kopp，赵春花. PISA给我们带来了什么：来自国际专家的观点 [J]. 外国中小学教育，2014（6）.

[2][3] 丛立新. 沉默的权威——中国基础教育教研组织 [M]. 北京：北京师范大学出版社，2011.

[4] 程介明，闫温乐. PISA之后再谈教育改革——香港大学教育学院程介明教授专访 [J]. 外国中小学教育，2014（11）.

[5] 王洁. PISA2012问题解决模块测试及上海学生表现评析 [J]. 上海教育科研，2015（2）.

[6][7] 顾泠沅，朱连云. 教师发展指导者工作的预研究报告 [J]. 全球教育展望，2012，41（8）.

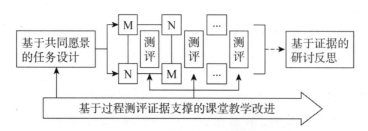

图4 教师发展指导者课堂临床指导科学化模型

A Study on Class Clinical Supervision of Staff Developers

ZHU Lianyun

（Qingpu District Teachers' Continuing Education College，Shanghai 201799，China）

Abstract: The organized research and supervision of teaching in primary and secondary schools in China has accumulated experience of more than 60 years, and its forms and achievements have become a focus of the international mainstream education research community. However, we are still short of detailed research, especially on staff developers. This study focuses on the staff developers' class clinical supervision, using the comprehensive research which is a combination of empirical study, meta-analysis, literature and action research; experience screening, video analysis, on-site interviews and evidence-based practice, as main ways to clear up the elements and methods of staff developers' class clinical supervision, reveal the knowledge and faith of staff developers, and have established a scientific operation model of clinical supervision in normal class.

Key words: Staff Developers, Class Clinical Supervision, Teaching and Research

（责任编辑：茶文琼　景超）

主题式课程设计的路径与理据
——以 S 小学国际文凭语文课程为例

杨苗苗

（舟山教育学院　浙江舟山　316021）

[摘　要]　国际文凭课程小学项目提倡探究式的主题学习，其主题式课程设计不仅贯彻了育人目标，还呈现了教师作为课程研究者的一面。本文以 S 小学国际文凭语文课程为例，主要使用访谈法，辅之以观察法、文献分析法探究语文主题式课程设计的路径、内容与理据。研究结果发现，S 小学国际文凭语文主题式课程设计存在课程目标受制于统一性与多样性的张力、主题式课程设计受限于传统学科教学、主题式课程自上而下的开发路径约束了教师的创造力等问题。

[关键词]　主题式课程　课程设计　IBPYP　语文课程

一、问题提出

2001 年，我国教育部颁发《基础教育课程改革纲要（试行）》，将"改变课程结构过于强调学科本位、科目过多和缺乏整合的现状"作为我国基础教育的课程改革目标之一，将采用主题式课程促进学科知识统整作为小学课程改革的良策。在主题式课程的语境下，"主题"是指话题、概念、问题或议题，旨在为相互关联或渗透的一系列课程或活动的开发及实施提供一个焦点或组织框架的指导。[1]主题式课程即围绕特定主题所展开的一系列课程或活动。现实中，课程主题的设计偏离实际、课程内容组织不力、课程实施方式转型缓慢等问题阻碍主题式课程预期效用的有效发挥，[2]使诸多学校对此项改革望而却步。

受教育国际化浪潮的驱动，国际文凭组织（International Baccalaureate Organization，简称 IBO）旗下的国际文凭（International Baccalaureate，简称 IB）系列课程项目在我国的认可度不断提升并已取得一席之地。它与 A-level、AP 课程共同构成我国大陆国际学校的主流国际课程。[3]始于 1997 年的国际文凭课程小学项目（International Baccalaureate Primary Years Programme，简称 IBPYP）即为上述 IB 系列课程项目的分支，是专门为 3 至 12 岁学生提供的非政府性、非营利性的国际课程项目，我国当前共有 71 所学校开设 IBPYP。[4]该项目基于学生认识世界的特点，力图避免对课程内容情境性、整体性及复杂性的抽离，以"我们是谁、我们身处怎样的

作者简介：杨苗苗，舟山教育学院教育科研科科员，主要从事教师教育研究。

时空、我们如何自我表达、世界如何运转、我们如何自我组织、共享地球"六大超越学科范畴的主题为核心开展课程设计。因其主题式课程实施具备可行性与保障，优良的课程质量吸引诸多学校将其引入。[5] 就学生的学术水平而言，有研究表明，接受 IBPYP 学习的学生与其他未接受 IBPYP 学习的同龄人相比较为优秀。[6] IB 官方将六大主题认定为 IBPYP 最鲜明、最显著的特征，并认为主题式课程的实施可使学生的学习"跳出"学科范畴。[7] 这与我国基础教育课程改革目标具有内在一致性。

基于上述思考，本研究以 S 小学 IBPYP 语文主题式课程设计为例，探究其设计的路径、内容和教师在此过程中遇到的瓶颈及其背后的理据，以期为我国当前的小学主题式课程设计提供经验与参考。

二、案例选择及研究方法

IBPYP 学校广泛分布于全球各地，故 IB 官方并未为各校开出千篇一律的"处方"，各校在开展课程设计的过程中有充分的空间。因此，除制定 IBPYP 的实践标准及指导文件外，IB 官方并不强求各校进行统一且具体的课程实践，故其主题式课程设计所展现的国际化与统一性同时也蕴含着强烈的本土化与校本性。因此，IBPYP 实质上是主题式课程框架而非具体的主题式课程，[8] 其实际呈现形态依赖于学校这一主体在宏观课程规范引领下的课程再建。"自由"是 IBPYP 学校课程开发的关键词。[9] IBO 于 2018 年宣称，将赋予学校更大的灵活性，并给予教师更多课程设计自主权。[10] 故校本课程设计是将 IBPYP 语文主题式课程付诸实践的关键，此举也可视为 IBPYP 主动调适以开拓全球教育市场版图的政策举措。

本研究所选学校是位于 H 市的一所民办小学（S 小学）。该校于 2007 年正式成为 IBPYP 授权学校，具备较为成熟的 IBPYP 语文主题式课程设计经验。S 小学单独设立 IBPYP 部，该部门招收小学

一至五年级的学生，现有 15 个行政班级，共有学生 300 余人，学生多在中学阶段出国学习，且学生群体中不乏外籍人员子女。

如上所述，S 小学 IBPYP 语文主题式课程的发展是全球本土化（glocalization）的体现，它兼具 IBPYP 的全球共性及本土开发的个性。全球 IBPYP 学生都需涉猎语言、数学、科学、艺术、社会学以及个人教育、社交教育和体育等学科领域。S 小学 IBPYP 主题式课程体系如图 1 所示。首先，该校把语文课程、数学课程、英语课程作为独立学科课程，由专门教师负责教授。其次，该校遵循全球标准设置探究课程，并由包班教师（Classroom Teacher）负责授课。这两类课程相辅相成，共同构成该校的主题式课程群。此外，该校设置音乐、体育、艺术等不在主题内授课的专科课程。

从"六大主题"出发，语文教师较难直接形成个人的教案，且在此情况下，各语文教师教案的基本一致也无法得到保证，因此必须借助"主题探究单元"的设计实现课程主题向语文教师个人教案的过渡。主题探究单元与六大超学科主题一一对应，S 小学每学年完成一轮六大主题探究单元的课程实施，每一主题探究单元下的课程历时 6 周，并采用螺旋式的课程内容呈现方式，故学生年级越高，同一主题探究单元的难度越大。

语文课程是该校学生的必修课，对 S 小学实现 IBPYP 的培养目标具有重要价值。无论其地理位置、规模、构成如何，IBPYP 学校都旨在培养具备国际思维的人。[11] 而"多种语言"（multilingualism）是发展学生跨文化理解能力和国际思维的基础，可为学生提供多元文化及语言

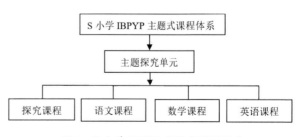

图 1　S 小学 IBPYP 主题式课程体系

背景。[12] 因此，IBPYP学生从7岁开始就有机会学习一种以上的语言，即除了教学语言之外，学校鼓励学生接受其他语言的学习并为学生提供学习母语和东道国语言的支持。[13] 汉语在S小学拥有"辅助性教学语言""东道国语言""部分学生的母语"三重身份，因而语文课程成为该校用以发展学生国际思维的必然举措。

该校现有中外方IBPYP教师50余人（包括8名语文教师在内），其中2名语文教师分别担任一至二年级低学段语文学科组组长（教师A）及三至五年级中高学段语文学科组组长（教师B），各自拥有10年和3年的IBPYP语文主题式课程设计经验。基于前期文献，研究者分别对这两位教师展开了一次时长为90分钟的面对面的半结构访谈，另对1名四年级的班主任教师（教师C）进行了一次时长为40分钟的面对面的半结构访谈。在此基础上，研究者以"旁观者"的身份观察了1名一年级语文教师的课程，计6次，观察了1名四年级语文教师的课程，计4次；全程旁听了全校语文学科组的组内研讨，计1次；全程参与了四年级的年级组集体备课，计3次。与此同时，研究者收集了3份该校的学校探究方案、1份一年级的单元探究计划、2份语文教师个人教案等纸质和电子材料，并通过与该校数名语文教师的非正式访谈更深入地理解其语文主题式课程设计的内容与路径。

三、研究发现

在"从主题到语文教师个人教案"的转变历程中，该校IBPYP形成了常规化的主题式课程设计方案。具体路径如下：

（一）学校领导主导下的学校探究方案设计

学校层面，S小学在遵循IB官方统一课程政策（包括IBPYP的"圣经"《小学项目的实施：国际初等教育课程框架》及《语言政策》等）的基础上，依据本土情境的要求开展校本化的课程设计，制订该校IBPYP语文课程大纲及学校探究方案（Programme of Inquiry），形成指导该校语文主题式课程设计的第一级产物。S小学的学校探究方案分年级、分单元制订，实质上是学校对各年级在一学年内主题探究单元的宏观规划。首先，学校探究方案规定了各个主题探究单元对一至五年级学生提出的总体探究目标。在此基础上，它分年级规定了各主题探究单元下课程设计的中心思想（用一句简洁明了的文字陈述，应能促进学生的探究、提升学生批判性思考的能力、挑战并拓展学生的先前知识，扩大学生对于超学科主题的理解），进一步产生引导课程实施的探究主线（旨在澄清中心思想并确定单元探究范围内一系列相互关联的问题，每单元一般有3条左右的探究主线），并给出各年级在该主题探究单元中所需理解的关键概念（包括形式、功能、原因、变化、联系、角度、责任、反思）。以"我们如何自我组织"这一主题为例，该校一年级在遵循该主题整体探究目标的基础上，形成了以"学校系统"为题目的单元探究方案（见表1），旨在使初入小学阶段的学生围绕"为什么会有学校、学校里有哪些不同的流程体系、我们如何与学校里的其他人相处"这三条探究主线来探究"学校制定规程以帮助我们更好地学习和玩耍"这一中心思想，并在其中更好地理解"原因、责任、角度"三个关键概念。

总体而言，S小学学校探究方案主要由学校领导层制订，形成了较为成熟的学校探究方案格局。该校的学校探究方案不仅遵循了IB官方政策，而且兼顾了本土情境，并根据课程的本土实施状况呈现出"稳中有变"的特征，故其发展与成熟是IBPYP持续本土化的历程。例如，该校四年级"我们是谁"主题下的学校探究方案设计经历了从"宗教单元"到"价值单元"的转变，体现了其与本土文化、学生状况及各方意见之间的互动。

这个单元的前身是"宗教单元"，但后来家长、学生以及校方都反映用6周的时间做宗教这个主题可能过于深入，而且宗教是个非常敏感的话题，加上我们的学生又非常多元化，所以我们最终把这个单元改成了与"宗教单元"相近的"价值单元"。（教师C）

表1　S小学学校探究方案对探究主题的细化（示例）

探究主题：我们如何自我组织
整体探究目标： 1. 探究人造系统和社区之间的相互联系 2. 探究组织的结构和功能 3. 探究社会决策、经济活动及其对人类和环境的影响
学生年级：一年级
单元题目：学校系统
中心思想：学校制定规程以帮助我们更好地学习和玩耍
探究主线： 1. 为什么会有学校 2. 学校里有哪些不同的流程体系 3. 我们如何与学校里的其他人相处
关键概念： 原因、责任、角度

（资料来源：该表格系研究者据S小学2018至2019学年第一学期一年级学校探究方案整理所得。）

有鉴于此，该校校长在每学期伊始均会征求一线教师对于课程实施的意见与建议，以对学校探究方案进行加强或改造，使之更加契合学校实际情况，因此学校探究方案处于不断发展的动态进程。

（二）教师合作引领下的单元探究计划设计

在承接学校探究方案所确定的各主题探究单元中心思想及探究主线的基础上，单元探究计划的设计将主题式课程设计的着眼点缩小至单元范畴，并借助IB官方统一发布的书面课程设计工具"探究单元计划表（PYP Planner）"设计面向包括语文课程在内的主题课程群下所有课程的单元探究计划。该单元探究计划表由九大问题组成前后相连的三部分内容，每个问题又下设数个子问题，涵盖课程目标、课程评价、课程内容、课程资源等内容，以问题引导的方式帮助教师将学校探究方案转化为年级层面的单元探究计划，形成指导该校语文主题式课程设计的第二级产物（见表2）。

该校单元探究计划的设计通过每两周一次的年级组教师合作研讨逐步展开，同一年级主题式课程群下的所有教师（即同一年级所有语文教师、探究教师、数学教师及英语教师）共同参与研讨，以向IBPYP所提倡的"整全性"课程设计的方向靠拢。每个年级的关键教师（Key Teacher，相当于年级组长）作为组织者召集相关教师从以下方面展开讨论：各教师当前的课程进展情况；在参考往年单元探究计划的基础上依据学生、环境、教师的具体情况共同设计本单元新的单元探究计划；各教师对主题探究单元课程设计的意见与建议。集体研讨的过程是各教师的灵感与专业知识不断迸发的过

表2　S小学单元探究计划的关键内容（示例）

组成部分	问题表述
单元探究目标	1. 我们的目标是什么：使学生理解"学校制定规程以帮助我们更好地学习和玩耍" 2. 评价学生学习成果的方法及依据是什么：学生能以小组合作的形式探究学校的组成部分及各部分的功能、人员及规程，最终使用鞋盒呈现整个学校的蓝图
教师及学生的活动	1. 在关键概念和探究主线的基础上，我们应提出怎样的问题以推动学生探究：我们为什么要设立学校；学校中有哪些不同的角色；怎样的校园行为是恰当的 2. 我们如何评估学生的学习，需要收集哪些依据：学生以小组合作的方式探究"如果没有学校的话将会发生什么"；学生通过"校园寻宝"游戏了解学校内的不同角色及其职责；学生对不同的行为分类并讨论以了解怎样的校园行为是恰当的 3. 我们如何最有效地开展教学，需要收集哪些资源：关于学校和行为的视频剪辑；关于学校、教师和房间的图片；鞋盒和其他可回收的纸板
教师的反思	1. 我们在多大程度上达到了教学目标：学生当前了解了学校的各组成部分、人员以及规程，但一年级的学生还不能成为熟练的探究者 2. 我们在多大程度上融入了IBPYP的元素：通过课程活动，学生发展了自我组织能力、沟通交流能力及合作能力 3. 学生在学习过程中自发产生了哪些探究问题：校长的工作是什么；我校有怎样的规程 4. 教师评注：略

（资料来源：该表格系研究者据S小学2018至2019学年第一学期一年级单元探究计划整理所得。）

程，新的单元探究计划应借助多次集体研讨方可成型，这期间往往伴随着对既有探究单元课程计划的持续调整。

语文教师在此类合作研讨中的主要任务是"配合"及"规避"，即语文教师需要考虑如何开展课程设计以契合单元探究计划的课程设计要求、配合主题式课程群下其他教师的课程设计工作，并规避语文课程设计与其他课程设计之间可能存在的无效重复。

语文教师通过年级组的研讨，设计课程活动以配合主题探究单元的开展，并且把这些活动与探究单元的中心思想联系起来。（教师A）

通过共同设计，语文教师就知道这个单元其他教师在上些什么，自己如果设计语文活动的话就不再跟他们重复了。比如说其他教师要设计一个植物海报，我们就索性不设计植物海报，改做其他东西。（教师A）

语文教师在与年级组教师的合作研讨中厘清语文主题式课程设计的方向，凸显语文课程设计的侧重点，并与其他课程教师协力推进所在年级主题探究单元的目标达成。但在年级组教师的合作研讨中，语文教师与其他课程教师的合作更加偏重于"相互配合"以便从各自的课程出发与课程主题相连接，而较少从"相互整合"的角度出发形成课程融合程度更加深刻的主题式课程整体。这导致语文教师对其他课程教师的课程内容或课程设计不甚了解。

我们毕竟是学科教师，学科的独立性还是很强的……我们平时接触最多的就是单元探究计划，对于其他课程的话我不清楚，我们是语文学科教师。（教师A）

（三）经验共享支持下的学科课程设计

由表2可知，年级组集体研讨所产生的探究单元计划虽进一步细化了学校探究方案、规定了语文课程在本探究单元下应达到的关键目标，但仍未涉及学科性的语文课程设计内容，因此需要借助语文学科组的集体研讨开展第三级设计。语文教师群体可以根据近期语文课程实施状况及预设的语文课程目标开展集体研讨，将语文主题式课程设计从单元层面过渡到学科层面。语文学科组研讨的参与主体是全校各个年级的语文教师，它并不谋求对某一年级的单元探究计划进行细化，旨在为全校语文教师群体创造共享优秀课程设计经验的交流平台，进一步优化教师个体的课程设计思路。

该校 IBPYP 语文学科组研讨每周举行一次，全校各年级 IBPYP 语文教师参与其中，主要形式为语文教师的集体备课、上公开课、听评课与专题研讨等，故语文学科组教师的合作研讨在提供共享的优秀语文课程设计经验的基础上兼有鲜明的教师专业发展倾向。例如，针对语文写作与阅读这块"难啃的骨头"，该校语文学科组在 2017 至 2018 学年下学期开辟了专题研讨，语文教师面向学校领导及其学科组同事模拟语文写作与阅读的授课，辅以授课前的说课及课程结束后在场教师的评课与集体研讨。语文学科组的集体研讨也可保障该校语文课程设计在年级切换上的连续性，并增进语文教师的教学一致性，进一步弥补 IBPYP 宽泛的课程设计弹性让语文教师产生的无所适从感。

此外，该校语文学科组将有视频存档的优质公开课打造为电子课程资料包，供全体语文教师参考，也为新入职的语文教师提供了课程设计"基准"。IBPYP 语文课程毕竟不同于公立小学语文课程，这对于没有 IBPYP 语文课程设计经验的新手教师而言是一个挑战。除了让新手教师利用成熟的电子课程资料包以尽快熟悉 IBPYP 的标准与要求外，S 小学还为新手教师配备专门的同事"导师"，并安排有经验的教师与其"搭班"，从而避免新手教师"孤军奋战"所造成的课程设计不良，彰显了教师合作对新手教师专业成长的价值。B 教师认为，在共享资源、"导师制"及"混合搭班制"的

支持下，S 小学 IBPYP 语文教师个人成长更快。

教师可以参照学校已有的优质课程资源进行提升，这是前人的精华，不需要教师重新自我创造。教师可以节省宝贵的精力去做更有价值的工作，新手教师也可以更快上手。（教师 B）

由此可见，S 小学语文主题式课程设计流程正在迈向程序化，可作为较固定的内容保存并传承，并可使新手语文教师循序渐进地开展课程设计，从多余的课程设计工作中解放出来，提升语文主题式课程设计的效率与可行性。

（四）与单元相结合的语言教学方案设计

在教师个体层面，语文教师立足年级组合作研讨产生的单元探究计划及语文学科组研讨中共享的优秀课程设计经验，着手设计"与单元相结合的语言教学方案"（即语文教师个人教案），形成该校第四级 IBPYP 语文主题式课程设计，这实质上是"教师如何立足较为宏观、抽象的课程主题和课程目标设计合适的学科课程内容"的问题，逆向设计在帮助教师开展此类以宏观主题和概念等引领的课程设计中具有参考价值。

与"课程目标—课程内容—课程评价"式的课程设计路线有所不同。有效的逆向课程设计遵循三个步骤。首先，要求课程设计者确定宏观的课程目标，并将其作为课程设计的核心和起点。其次，课程设计者需要确定具体的评价目标，即确定需要采集何种证据以证明第一阶段中有价值的目标已经被实现。最后，结合已有课程资源，课程设计者基于第一阶段中的课程目标及第二阶段所确定的评价目标设计课程与活动。[14]

S 小学 IBPYP 语文教师个人教案具有统一模板，呈现"确立目标—寻找证据—设计活动"的逆向课程设计脉络，旨在实现从宏观的"主题"到具体的"语文教师个人教案"的转化，最终呈现以学生合作、小组活动及探究学习为主要特征的 IBPYP 语文课堂。首先，教师应明确陈述"知识与技能""过程与方法""情感、态度与价值观"三维课程目标。其次，教师通过对"学生已经学得怎么样"这一问题的回答，不仅澄清了学生先前已经学得怎么样，而且能帮助自己确定将要如何基于探究

线和相关的过程性评价来评价学生本节课学得怎么样。再次,教师通过对"如何使学生开展学习和探究"这一问题的回答详细列出模拟的师生课堂活动,呈现本节课的板书设计,并说明本节课着重培养的学生技能及 IB 学习者特征。最后,教师应回答"需要收集什么资源"这一问题以澄清各类可用的课程资源。

以该校 IBPYP 一年级"共享地球"主题下的"植物单元"为例。为契合该单元"植物的构造和运行""关爱并照料植物"这两条探究主线,语文教师选择 2016 年发行的由我国教育部组织编写并由人民教育出版社出版的小学语文教科书(以下简称"部编本小学语文教科书")一年级下册的课文《棉花姑娘》作为教学材料支撑,进行了如下的个人教案设计(见表 3),该逆向课程设计在保障学生语文学习需求的前提下,契合了主题探究单元对语文课程设计的要求,并融入了 IBPYP 的学生培养要求。

基于逆向课程设计思路,语文教师须依据探究单元的课程目标及评价目标自主选用对口的教材,并使所选的教材内容迎合单元主题及探究主线,故教材的来源及内容可能展现出多样性的一面,这也是以"主题"统领课程与以"内容"统领课程的不同。但在实际的课程设计过程中,S 小学 IBPYP 部最终选用与 H 市公立小学相同的语文教材作为语文教材的主流。即一至二年级选用部编本小学语文教科书,三至五年级的 IBPYP 语文课程主要使用人民教育出版社出版的小学语文教科书。

对于语文教师来说,可能目前还有一点带着镣铐在跳舞的感觉。按道理说,IB 需要教师自己去匹配单元的学习,但是我们学校目前归教委管辖,如果(教材)放得太开的话,质量没法保证,也没有标准可循,到时候(可能会)参差不齐。(教师 B)

表3　S 小学语文教师个人教案的关键内容(示例)

年级:一年级	课时:2 课时	支持的教学材料:《棉花姑娘》
三维课程目标	1. 正确朗读课文,体会棉花姑娘的语气 2. 了解文中每个动物的本领,并使用"因为……所以……"说出燕子、青蛙等不能帮助棉花姑娘治病的原因 3. 通过了解棉花姑娘长了蚜虫导致的后果,了解棉花的作用 4. 了解益虫和害虫的概念,树立保护益虫的意识	
学生学得怎么样	1. 学生先前学得怎么样:学生在上节课已经学习了课文中的生字词,一年级下学期的学生已经有了一定的认知和阅读能力 2. 将要如何评价学生在本节课学得怎么样:开展小组学习;学生自主分享	
如何使学生开展学习和探究	1. 模拟的师生课堂活动(略) 2. 本节课的板书设计(略) 3. 本节课主要培养的技能:思考技能、交流技能 4. 本节课主要培养的 IB 学习者特征:思考者、交流者	
需要收集什么资源	略	

(资料来源:该表格系研究者据 S 小学 2017 至 2018 学年第二学期一年级《棉花姑娘》教案整理所得。)

在此条件下，语文教师的教材调整与整合面临挑战。首先，该校语文教师每学期教授 3 个 IBPYP 主题探究单元，每一主题探究单元持续时长为 6 周，这意味着单个主题探究单元须以教材中的多个篇目来配合，语文教师须打破教材所设定的篇目顺序来满足 IBPYP 语文主题式课程设计的需求。

我们并不完全按照教材中的篇目顺序授课，而是依据主题探究单元的需要调整教材内容。高年级的学生已经积累了一定的识字量，打乱教材中的篇目顺序对他们来说影响不大，但对低年级的学生来说就可能成为挑战。（教师 B）

其次，语文教材分学期成册，其篇目安排自成逻辑，故可能会存在部分教材篇目无法直接融入本学期主题探究单元的情况，这对语文教师的课程设计提出了更加灵活的要求。

对于不匹配（该主题探究单元）的教材篇目，我们使用"关键概念"（处于探究主线的上位）将其与主题探究单元相捆绑。与本学期主题探究单元完全不匹配的教材篇目，若可与上学期所学的主题探究单元相匹配，也会被用于引导学生重温上学期所学的主题探究单元内容。对于非常边缘化且无法融入任何主题探究单元的教材篇目则弃而不用。（教师 B）

最后，S 小学单一的教材来源与多样的学生文化背景间存在矛盾，例如，在部编本小学语文教材爱国主义篇目和革命传统篇目增多的环境下，S 校教师需要根据学生的背景信息重新择定内容。如语文教师面向日本学生授课时，要对教材中涉及抗日战争的篇目进行适当调整。

由此可见，逆向课程设计思路、语文教材的来源单一以及学生的文化背景共同影响语文教师个体教案设计的目标达成。IB 课程与 H 市教材是两个不同的体系，导致教师在 IB 课程本土化过程中存在着"硬性结合"的情况。面对教材安排上的窘境，该校语文教师尝试过自编教材，却有很多困难。

语文课程有较强的体系。我们不是专家，作为普通的一线教师，我们缺乏编写教材的能力。如果我们打破了语文课程的体系和知识点，学生就无法得到系统性的语文学习。（教师 A）

综上所述，学校、年级组、学科组、语文教师个体的四层主题式课程设计（见表 4）构成 S 小学 IBPYP 语文主题式课程设计的制度常态，推动宽泛的 IBPYP 主题式课程框架走向具体的语文课程实施。

首先，学校层面兼顾 IB 官方政策及本土情境要求产生语文课程大纲和学校探究方案，但该过程在促使 IBPYP 本土化落实的过程中也面临统一性与多样性的张力。其次，年级组依据学校层面产生的语文课程大纲和学校探究方案产生单元探究计划开展合作研讨，语文学科组依据课程实施状况及

表 4　S 小学 IBPYP 语文主题式课程设计的层级及产品

课程设计层次	关键的依据	课程设计活动	课程设计相关产品
学校层面	IB 官方政策及本土情境要求	学校领导设计	语文课程大纲和学校探究方案
年级组层面	语文课程大纲和学校探究方案	年级组合作研讨	单元探究计划
学科组层面	课程实施状况及语文课程目标	语文学科组研讨	共享的优秀语文课程设计经验
语文教师个体层面	单元探究计划、共享的优秀语文课程设计经验	语文教师教案设计	语文教师个人教案

语文课程目标开展研讨,产生共享的优秀语文课程设计经验,年级组与学科组的研讨以教师合作的方式分别将主题式课程设计从学校层面聚焦至单元层面和语文学科层面,但该校IBPYP教师合作同时也受限于传统的学科教学。最后,语文教师个体依据单元探究计划和共享的优秀语文课程设计经验设计与单元相结合的语言教学方案,最终将主题式课程设计落实到语文教师的个人教案中,但自上而下的主题式课程开发路径也约束了个体教师的创造力。

四、研究结论

(一)主题式课程设计的依据受制于统一性和多样性的张力

IBPYP语文主题式课程提倡学校融入本土情境开展多样的课程设计,但本土情境所提出的统一性的合理要求也可能约束学校层面课程设计的权力,限制学校课程设计的多样性。

首先,S小学拥有不同国籍、不同语言背景的学生,母语为中文的学生与母语非中文的学生在语文学习水平上存在差异。这要求教师针对不同学生开展多样的语文主题式课程设计,但在班级授课制下,该校IBPYP语文教师的课程设计实际上较为倾向统一性。其次,面对各类国际课程的本土涌入,有必要设置基本的规范和标准。有鉴于此,H市发布了《H市教育委员会关于开展普通高中国际课程试点工作的通知》,虽然该文件指向普通高中的国际课程,但却释放出H市规范国际教育市场并促进国际课程的本土融入等信号。S小学语文课程使用与公立小学语文课程同样的教材,此举也可视为S小学IBPYP语文课程的本土融入以及对当地教育政策的积极响应,但IB官方课程要求与本土语文课程体系的断层为二者的融合带来了挑战。

因此,面对本土情境,在"学生多样的语文学习需求与班级授课制下统一的课程设计"及"国际课程提出的多样标准与H市规范国际教育市场的需求"的共同作用下,S小学主题式课程设计的依据受制于统一性和多样性的张力,最终开发出"调和的"或"折中的"IBPYP语文课程。这一问题同时也折射出主题式课程设计中的一般性问题,即如何在"满足学生多样化的学习需求"和"设置并遵循统一的课程标准"之间达到平衡。

(二)主题式课程中的教师合作受限于传统学科教学

IBPYP是典型的借助多门学科课程以实现主题探究单元目标的课程项目,故学科教学虽然必须却并不充分,[15]其有效落实须发挥各门课程教师通力合作与创造的优势,"应采用合作的方式开发课程"并要求学校"保障教师有充分的合作课程设计时间"。在IB官方文件《项目标准与实践》中有明文规定,[16]教师合作开展主题式课程设计是教师发挥其"创造性的专业主义"(Creative Professionalism)的表现[17]。

因此,无论是年级组的合作研讨、语文学科组的集体研讨还是新手教师的专业成长历程,均彰显了教师合作在S小学IBPYP语文主题式课程设计中的意义与价值。年级组的合作研讨从横向上协调语文课程设计与主题探究单元和其他课程设计的关系,语文学科组的集体研讨从纵向上规定各年级语文课程设计的连续性、一致性及专业性。但该校IBPYP语文课程设计的程序化可能使其走向封闭,缩小了课程间整合的空间,无法充分发挥IBPYP整体课程设计的优势。

S小学IBPYP跨学科课程整合不足的问题实际上表明,学科内主题式课程设计较易向纵深方向发展,有助于系统地整合学科内知识。但学科分化加深了学科壁垒,人为地剥离了知识整体性,造成教师过分重视学科特性,缺乏跨学科课程设计合作的意识与方法,从而无法更有效地发挥教师跨学科课程设计的合力以实现学生对主题的整体性理解。因此,相较学科内的主题式课程整合,教师跨学科的主题式课程设计能够在更大程度上还原学生所处世界的整体性和真实性,更好地回应主题式课程设计的内在价值诉求。学校理应赋予教师跨学科合作以充分的时间和余地,教师也应走出"学科专家"的固有思维,积极主动地寻求跨学科的教师合作，推动不同课程设计之间的相互成就。

（三）主题式课程自上而下的开发路径约束了教师的创造力

在逆向课程设计的前提下，该校教材选用的单一性为语文教师的课程设计与实施造成了压力，教材与学生群体之间的断层甚至已涉及历史文化领域的冲突。《H 市中小学语文课程标准》提出"在语文学习的过程中，培养爱国主义情感和民族精神、社会主义道德品质和社会责任感"的课程目标，H 市公立小学所选语文教材的内容即是对该表述的回应。但 S 小学既是 IBPYP 授权学校，又是学生国籍构成和文化背景构成多样化的学校，实质上对语文课程设计提出了弱化"国家性"、突出"国际性"的要求，故该校在选择教材内容时，并不完全遵循 H 市语文课程标准。然而考虑到 H 市公立小学语文教材内容成熟，知识体系完整，符合学生语文学习规律，具备较高的社会认可度，在语文教师自主开发课程能力不足的前提下，S 小学不得不以 H 市公立小学使用的语文教材为主体。

S 小学 IBPYP 语文教材安排对学生的适切性问题折射出，在无自主开发教材的条件下，若所选教材单一，则教师主题式课程设计的自由度或选择余地将受限；若教材来源多样，则教材内容的"拼凑"可能制约主题式课程设计的系统性与有效性；若教材导向与课程理念存在断层，则主题式课程的目标难以达成。这最终均指向一种"调和"的主题式课程。有鉴于此，学校需要为教师创造条件，帮助教师提高自主开发教材的能力，使其能够积极识别语文工具性知识的内容及涉及思想文化领域的内容。对涉及思想文化领域内容的处理，教师需要在确保我国教育主权的前提下兼顾课程自身目标的实现。

参考文献：

[1] Lonning, R. A., DeFranco, T. C., Weinland, T. P. Development of theme-based, interdisciplinary, integrated curriculum: A theoretical model[J]. School Science and Mathematics, 1998（6）.

[2] 高嵩，刘明 . 主题式课程整合的价值、困境与改进[J]. 教学与管理，2016（34）.

[3] IBO.2016 年度 IB 学校和课程情况统计 [A].IB 国际文凭课程年度分析报告（2016 年版）[C].2017.

[4] IBO. Find an IB World School[EB/OL].[2019-01-02]. http://ibo.org/programmes/find-an-ib-school/.

[5] IBO.The International Baccalaureate Primary Years Programme（PYP）in Victorian Government Primary Schools,Australia[EB/OL].[2019-01-02].http://www.ibo.org/globalassets/publications/ib-research/pyp/pypinaustraliafinalreport.pdf.

[6] Campbell,C.Science Literacy in the International Baccalaureate Primary Years Programme（PYP）: NAP-SL Outcomes[EB/OL].[2018-12-15].http://www.ibo.org/globalassets/publications/ib-research/ibnapsl_report_final_000.pdf.

[7] IBO. The Primary Years Programme: preparing students to be active participants in a lifelong journey of learning[EB/OL].[2018-8-3].https://ibo.org/globalassets/digital-tookit/brochures/pyp-programme-brochure-en.pdf.

[8] Savage, M. J., Drake, S. M. Living transdisciplinary curriculum: Teachers' experiences with the international baccalaureate's primary years programme[J]. International Electronic Journal of Elementary Education, 2016（1）.

[9] Kushner,S.,Cochise,A.,Courtney,M.,Sinnema,C.,Brown,G.A case study in whole-school innovation[EB/OL].[2019-01-02].http://www.ibo.org/globalassets/publications/ib-research/pyp/evaluation-of-the-pyp-in-new-zealand.pdf.

[10] IBO.Learning&Teaching in the Enhanced PYP-Part 2[EB/OL].[2018-8-14]. http://blogs.ibo.org/sharingpyp/files/2018/04/2018-April-Learning-and-teaching-part-2-eng.pdf.

[11] IBO. Making the PYP happen: A curriculum framework for international primary school[EB/OL].[2017-11-25].http://www.docin.com/p-441549624.html.

[12] IBO. Language Policy[EB/OL]. [2018-8-3].https://www.ibo.org/globalassets/ib-language-policy-en.pdf.

[13][16] IBO. Programme Standards and Practices [EB/OL].[2018-8-3].https://ibo.org/globalassets/publications/become-an-ib-school/programme-standards-and-practices-en.

pdf.

[14] McTighe, J., Thomas, R. S. Backward design for forward action[J]. Educational Leadership, 2003（5）.

[15] IBO.The Primary Years Programme:A basis for practice[EB/OL].[2018-8-21].http://cwa.lbpsb.qc.ca/IB/PYP_A_basis_for_practice.pdf.

[17] Calnin, G., Waterson, M., Richards, S., Fisher, D. Developing leaders for international baccalaureate world schools[J]. Journal of Research in International Education, 2018（2）.

Path and Methods of Theme-based Curriculum Design: A Case Study of IBPYP Chinese Language Curriculum in S Primary School

YANG Miaomiao

（ Zhoushan Institute of Education, Zhejiang Zhoushan 316021, China ）

Abstract: The International Baccalaureate Primary Years Programme（IBPYP）advocates inquiry-based thematic learning. Its theme-based curriculum design not only implements IB mission statement, but also presents teachers' behavior as curriculum researchers. Using interview method, observation method and literature analysis method, this research takes IBPYP Chinese language curriculum of S Primary School as an example and explores the path, content and methods of IBPYP theme-based Chinese language curriculum design. The research suggests that there are some problems of the theme-based Chinese language curriculum design in S Primary School. For example, the curriculum objectives are limited to unity and diversity, the curriculum design is restricted to discipline-based curriculum design, and teachers' creativity is constrained by the methods of curriculum development.

Key words: Theme-based Curriculum, Curriculum Design, IBPYP, Chinese Language Curriculum

（ 责任编辑：杜金丹　黄得昊 ）

国内外教师评价研究及其应用进展述评

秦建平

（中国教育学会 北京 100088）

[摘 要] 从19世纪末到20世纪70年代，国外产生了大量有效教师特征的研究成果。20世纪50年代到80年代，教师行为与效果之间的关系成为英美国家研究者关注的热点问题，产生了有效教学行为标准等成果。80年代中期，美国最先提出教师专业发展评价，重点关注学生学习成果。进入21世纪后，美国、英国、法国、日本均形成了综合教师特征、教学行为，重点关注学生学习成果的教师专业标准或评价体系。国内相关研究起步较晚，虽有进展但未形成专门研究领域，仅以概念型研究为主，未来方向应是深入、持续、广泛合作地开展教师特征、教学行为与学生学习成果关系的实证研究，应用层面应建立专业性、有效性强且务实的教师评价政策机制。

[关键词] 教师评价 教师特征 教学行为 专业标准

关于教师教学行为、胜任力、专业标准等单项的评价研究综述已有不少，这些已有综述对于厘清某些项目研究的脉络、深化人们对相关领域的认识，特别是方便研究工作者掌握相关领域或者项目的研究动态有极大帮助。但是，教师专业发展不是单项研究或某领域专题研究能够支撑的，往往需要综合应用多项研究的成果，一个支持教师专业发展的成熟的教师评价应用模式往往也不是以研究形态呈现的，而是政策或者法令。国内外教师评价的类型很多，最常见的有教师绩效评价、效能评价、胜任力评价、行为评价和课堂教学行为评价、专业发展评价，以及我国的中小学教师

专业技术职称评定、特级教师等荣誉称号的评定。每一种教师评价都有不同的目的和功能，从而选择不同的评价指标、评价方法和模型。因此，要对此做一个综合性的评述是十分困难的。不过，无论哪种教师评价总是与有效教师的特征、有效教学行为、教学效能等联系在一起，核心是寻找有效教师的特征或者行为，始终为提高教学质量和教师自身专业发展服务。那么，围绕"效能"或"有效"（即培养高质量的教师，促进学生的成功）这一主要脉络不难发现，英美等国家的教师评价经历了从关注教师特征转向关注教师教学行为，再聚焦课堂教学行为，再回到教师个体特征、教学行

基金项目： 本文是全国教育科学"十三五"规划2019年度教育部重点课题"卓越教师关键特质和高绩效行为标准的实证研究"（课题编号：DHA190372）的阶段性成果。

作者简介： 秦建平，中国教育学会教育质量综合评价改革实验区办公室主任，正高，博士后导师，主要从事教育评价、教育规划、教师培训研究。

为并重和特别关注学生学习成绩的综合性评价发展历程。

一、教师特征或者品质评价的研究

（一）有效教师特征的研究

从 19 世纪末到 20 世纪 50 年代，教师效能研究关注的重点是要成为优秀教师所应具备的一系列特征，其中包括教师的人格特征、态度、经验、能力倾向等。这一时期研究的代表人物有克瑞兹（Kratz.H.E）、卡特尔（Cattell）。1896 年，克瑞兹发表《儿童公认的优秀教师特征》，拉开了教师人格特征研究的序幕。卡特尔运用频次分析法总结好教师具备的品质，研究方法主要采用观察法、调查法，处理调查结果多采用频次分析法，通过综合调查各类人员对优秀教师品质的意见和看法，获得一套被社会所公认的好教师的标准。Boyce（1915）根据此类研究结果，制定了第一张教师特征量表[1]，用来测量教师的表现合乎量表上特征的程度，在当时对教师教育决策产生了很大影响。到 20 世纪 70 年代初，国外已经发表了 10000 多项教师有效性方面的研究，它们给出了有效教师具有什么特征或品质、应该有什么特征或品质的大量信息，[2] 包括教师的身心特征、人格品质、与教学工作相关的特征或品质。

国内关于有效教师特征的研究起步比较晚。秦建平、常公等人通过实证研究发现：开朗乐群、聪慧、情绪稳定、有恒负责、敢想敢为、注重现实、沉着自信、进取创新、自律严谨、心平气和等人格特质是有成效教师区别于一般教师的典型性格特征。[3] 李琼等人以北京市 815 名中小学新教师、有经验的普通教师、获得国家级荣誉的卓越教师为样本，从教师的专业精神、学生观、教学组织与管理、教学反思与研究、学科知识、学科教学知识、教学特色及专业自主发展意识 8 个方面，判别分析了 3 类教师的不同特征，结果表明：教学组织与管理、学科教学知识、教学反思与研究是中小学卓越教师的关键特征。[4] 2014 年，我国教育部印发《关于实施卓越教师培养计划的意见》，关于卓越

教师特质的研究逐渐增多，特别是 2016 年后，不过大多数是思辨研究，实证研究不多。李祚山等人通过行为事件访谈，发现中学卓越教师的核心素质特征包括创新能力、自我监控、自我效能感、职业偏好、专业知识、学生导向、成就导向、组织管理、教学策略，这九项特质是判别中学卓越教师与普通教师的核心指标。[5] 我国的这类实证研究一是数量少，二是每个研究者的选题视角和分析框架都不同，三是缺少持续深入跟进的研究。因此，需要在更大的范围选取更具代表性的样本进行深入的实证研究。

（二）教师胜任力特征

1973 年，美国哈佛大学教授麦克利兰（Mcclelland）提出，胜任力（Competence）是与工作和工作绩效或其他重要结果相关的知识、技能、能力、特质或动机。自此，从胜任特征方面对教师特征的研究拉开了序幕。教师胜任力（Teacher Competency）指教师个体所具备的，与实施成功教学有关的一种专业知识、专业技能和专业价值观，它隶属于教师的个体特征。1987 年，布罗德福特（Broadfoot）提出教师专业能力是其开展教育活动和具有专业水准的理论和实践的统一体，而教育技能、开展教学活动的能力以及教师职业的态度是教师胜任力结构的三个重要组成部分。[6] 在胜任力模型研究的基础上，有许多国外学者更为深入地分析了特定胜任力要素及要素之间的关系，如教育能力与合作能力、形成性评价能力、识别和解释学生行为的能力、交际能力等。教师胜任力评价是基于胜任力理论对教师工作各方面进行衡量，是教师招聘、教师资格评定以及岗聘岗评中绩效考核的重要依据，亦可用于指导教师培训、教师职业发展规划，一直是国外教师胜任力研究的重要问题。[7]

2010 年之前，从教师胜任力角度探索有效教师的特征在国内还处于刚刚起步阶段。对比国外教师胜任力研究的进展，国内对于教师胜任力的关注还仅仅是研究者从学术视角的某些理论思考和初步建模探索。[8] 但是，近十年来国内已有不少研究。从研究对象看，相关研究覆盖了整个基

础教育学段，从幼儿园教师到中学教师，例如，基于 BEI（行为事件访谈法，Behavioral Event Interview）技术模型构建的幼儿教师胜任力研究、小学优秀教师胜任力人格特征研究、小学教师胜任力与绩效关系研究、中学教师胜任力模型的建构研究；从研究方法看，大部分研究都比较规范地采用了行为事件访谈技术，通过对叙述事件的主题分析和行为编码以及对不同绩效教师胜任特征的差异比较，初步筛选出教师胜任特征，再编制成问卷，对问卷调查结果进行因素分析，从而构建教师胜任力模型；从研究结果得出的教师胜任特征的稳定性、一致性看，情况比较复杂，教师胜任力维度的划分尚无统一标准。徐建平、谭小月等人通过广泛查阅已经出版的优秀中小学教师传记类书籍，提炼了优秀中小学教师的胜任特征，并指出这些优秀教师在典型的教育情境中，表现出来的胜任行为具有一致的模式[9]。彭建国等人分析出优秀小学教师的五个人格特征因素：乐群性、聪慧性、稳定性、有恒性和自律性，从而构建出优秀小学教师的人格特征模型，[10] 这与秦建平、常公等人的研究结果具有很高的一致性。张佳洁研究发现小学教师胜任力对绩效有显著的预测作用，其中对关系绩效预测力最强的胜任力维度是职业品质，其次是人际沟通；对任务绩效预测力最强的胜任力维度也是职业品质，其次是教学能力。[11] 刘福泉等人开展了中小学教师胜任力与教学效能感的关系研究，发现教师胜任力对个人教学效能感、一般教学效能感均有显著预测作用，[12] 这与张佳洁的研究结论在总体趋势上是相互支持的。谢彩春研究确定出 5 个维度、12 项胜任特征的中小学教师教学胜任力模型，5 个维度为人格特质、教育理念、管理能力、发展意识和人际关系，12 项胜任力特征为人格魅力、尊重他人、创新性、信息搜寻、理解他人、职业偏好、应变能力、责任感、学生服务导向、终身学习、情绪觉察力、冲击与影响。[13] 姚玲等人开展了中学教师胜任力模型的建构研究，根据探索性因子分析的结果，得出职业道德、人际互动、人格特质、应变能力 4 个一级指标（因子）和责任、引导

他人、感染力、耐心、沟通协调、主动性、自我控制、自我管理、灵活性、适应性和观察力 11 个二级指标（因子）的中学教师的胜任力模型。[14] 无论是一级指标还是二级指标，谢彩春与姚玲等研究者以及国内其他学者建立的教师胜任力特征都相差甚大。这种较大的差异在国外研究中同样如此。例如，美国苏加瓦拉（Sugawara）与克莱默（Cramer）编制的《幼儿园教师胜任力量表》（Preschool Teacher Competency Rating Scale）由教育观念、教学策略、关系、评价四个维度构成。加州大学伯克利分校劳动关系研究所（Institute of Industrial Relations）、儿童保育人员研究中心（Center for the Study of Child Care Employee）等的研究报告认为儿童保育人员的胜任力包括 8 个维度：儿童的生长与发育，儿童观察与评价，学习环境与课程，积极的互动与引导，家庭与社区，健康、安全与营养，专业化、专业发展与领导力，行政与管理。[15] 差异的原因在于不同学者依据的理论构想不同，行为事件访谈和问卷调查的样本选择、对访谈结果编码所用的词典、编码人员等的不同都会导致结果的差异。但这不意味着没有共识，教师胜任力的规律性特征是存在的，只是需要合理划分研究对象、科学抽样、科学编码、科学编制问卷等，尚须深入、持续、广泛合作的研究。正如盛艳燕通过文献计量分析发现，国内教师胜任力研究发表在核心期刊上的论文数量先增后减，研究的持续性和合作程度不够，研究对象多样化、研究主题分布不平衡。[16] 她由此提出，研究者应该长期关注教师胜任力并开发教师胜任力测评体系。

二、教师有效教学行为研究

教师特征研究虽然在人们所期望的教师特征方面能够达成一致意见，形成了有效教师必备的条件、区分高低效能教师的特征等，但是未曾涉及课堂上学生的学习过程以及教师的教学过程，导致无法回答教师的特征或个人品质与其行为表现或学生学习结果之间的关系。这类研究遭到后人批评，

被称为"黑箱研究"[17]。

20 世纪 50 年代到 80 年代，教师行为与效果之间的关系日益成为美国研究者们关注的热点问题。1963 年，盖奇（Gage）采用观察程序客观记录教师课堂行为表现的方法为教师效能研究开辟了一条新途径。[18] 研究者们试图利用课堂观察法找到那些直接影响学生学习成绩的行为特征，主要采用的研究方法为"过程—结果分析法"，即对教师课堂教学行为描述，将教学结果进行前后测比较，进行对比分析，力求验证两者之间存在一定的关系。这一时期，教师行为研究出现了教师教学行为的有效性标准研究、师生互动行为研究等。

（一）有效教学行为标准研究

以瑞安斯（Ryans）、弗斯特（Furst）、罗森斯海因（Rosenshine）为代表的研究者运用因素分析方法试图寻找一些最有效的教师教学行为。[19] 瑞安斯提出了与有效教学行为相关的三方面的二级因素，即热情与理解—冷漠与疏远、有组织与有条理—无计划与拖沓、刺激与想象—笨拙与呆板。研究得出教师的行为特征越靠近积极因素一端，其教学越有效，反之，越无效，并形成了一个教师有效与无效行为分辨表。罗森斯海因和弗斯特重点研究教师教学行为与学生学习成效之间的相关性，并从中找出了 11 种与学生学习成效具有强相关的教师教学行为：清晰明了、有任务取向与行为认真、有变化性、热心、学生有机会学习标准材料、问题形式多样、教导有一定的难度、注重调查、体察学生、及时反馈、评估运用恰到好处。

（二）师生互动行为研究

以利比特（Lippitt）、怀特（White）、弗兰德斯（Flanders）、朗科尔（Runkel）为代表的研究者，运用"过程—结果分析法（Process-Product Approach）"研究师生互动行为的影响。[20] 利比特和怀特研究发现：权威型、民主型和放任型三种不同的课堂管理行为方式，对学生产生的影响不同，其中民主型课堂管理行为最受学生欢迎，增强了团体凝聚力，放任型课堂效果最差。弗兰德斯采用社会相互作用模式（Social-Interaction Model）分析教师课堂教学行为对学生学习效果与学习态度的影响，提出了"弗兰德斯互动分析系统"。弗兰德斯认为直接教学就是指教师通过讲授、批评和分析权威思想以及直接给学生传授知识等方式进行的教学；间接教学就是指教师通过提问、接受学生的情感反应、承认学生的观点以及通过给予学生表扬和鼓励等方式进行的教学。大量的"过程—结果"的研究表明：教师在教学过程中多考虑学生表达的行为，少讲授多提问，多激励表扬学生，能够提高课堂教学效果。朗科尔利用信息反馈原理建构了师生信息反馈互动模式。

此外，研究者认为教师行为有两个重要的维度或方向，就是有效和无效。关注教师不当行为的研究也是必要的。在美国有部分学者还开展了教师不当行为的研究。威克曼（Wakeman）早在 1928 年就开始进行教师问题行为（Behavior Problem）的研究，在《国家处在危险中》（A Nation at Risk）的报告中提出"坏教师"是学校教育教学的问题之一。科尼尔（Kearney）将教师不当教学行为定义为一种扰乱教学，影响学生学习的不当行为。[21] 他通过对学生的问卷调查收集整理教师不当行为，得出低效教学行为的三个分析维度：无资格、不胜任；冒犯的、攻击性的；心不在焉的。

（三）教师专业发展视角下的教学行为研究

20 世纪 70 年代末至 80 年代初，有效教学研究方向有了新的转变，教师行为研究进入新阶段。研究重点主要集中于影响课堂教学行为的因素，从研究教师行为到研究学生行为、从教师教学行为到教师的认知和教学反思。反省思维研究要求教师对教学行为及其背后的思想观念进行自觉的、有意识的思考，通过行动研究来提高自身教学行为的有效性和合理性。教师的内在思维过程已经逐渐成为教学行为研究中的一个中心主题。部分研究成果表明教师的教学信念对教学行为具有关键性的影响。[22]

20 世纪 80 年代中期以后，研究者将视角转到教师专业行为上来探讨教师教学行为，出现了关注教师专业化的教师评价。在专业化中，一个非常重要的问题就是专业人员的自主性。专业化职业者的评价标准应由专业人员自己建立。如果教师是专业人员，那么对教师的评价就应以他们自己提出的标准为依据。专家—新手型教师的课堂教学信息处理方式和问题解决策略的比较研究开始盛行。专家—新手型教师比较研究的结果是这一阶段教师评价的基础。斯滕伯格（Sternberg）认为专家不同于新手主要表现在三方面：一是专业知识，专家运用知识比新手更有效；二是解决问题的效率，专家能在较短的时间内完成更多的工作；三是洞察力，专家比新手有更大的可能找到新颖的和适当的解决问题的方法。专家具有一套课堂管理、课堂教学的熟练技能，并善于重新定义问题和高效率地解决问题。[23]

国内较早进行教师教学行为研究的是杭州师范大学的傅道春教授，他先后出版了《教师组织行为》《教学行为的原理与技术》《教师行为访谈》《教师行为优化教程》等有关教师教学行为的学术专著。衡林利对国内中小学教师有效课堂教学行为研究进行了元分析，作者以国内234篇文献为研究对象，通过文献计量分析法对其从总文献量及类型分布、研究者、发表时间和篇数、研究方法、文献主要研究内容评述五个维度进行系统梳理。研究发现国内对有效教学行为的研究类型多以描述型、概念型为主，尤其是概念型的研究占39.71%。研究者过多地重复研究教师行为有效性的定义、标准、特征、对比等，或者是仅仅对现状进行描述，表明自己的立场态度，没有着重研究有效教学行为与其他因素之间的联系，实证研究仅有6.41%。[24]可见，国内关于教学行为的研究尚未形成专门的研究领域，研究成果的可应用性还比较差，研究质量亟待提高。

三、21世纪国外教师评价新趋势

既关注优秀教师必须具备的特征（如专业能力、技能、性格），又关注教学行为（如课堂教学行为、教师个人基本的道德与行为标准等），并直接指向让学生获得学习成就，成为发达国家21世纪

教师评价和专业发展标准的共同追求。国内的教师评价研究起步较晚，无论是有效教师特征还是有效教学行为的研究虽有不小进展但仍比较薄弱，尚未形成专门的研究领域，缺乏雄厚的实证研究基础，也欠缺强有力的教师专业发展评价政策，故这部分不涉及国内的研究。

日本实施近半个世纪的"教师工作评定"因教师普遍反感与抵触等各种困难而陷入尴尬境地，迫切需要全面改革教师评价。进入21世纪，日本开始推行"新教师评价"。2000年，教育改革国民会议在《改变教育的17项提案》中建议，"创设能够回馈和评价教师热情和努力的体制""促进评价结果与教师待遇挂钩"。2002年，国民教育文化综合研究所教职员评价问题研究委员会在报告《关于教职员评价方式》中指出：提升教师专业能力必须实施教师评价，教师评价并非"管理教职员活动和工作状况"的"狭义人事管理"，而是包含教师专业发展和自我发展、学校组织活动和合作关系发展等在内的"广义人事管理"。2000年至2003年间，东京都、大阪府、香川县、广岛县等地率先试行了"新教师评价"。到2013年，日本实施"新教师评价"的地区比例达到100%。[25]每年从校长、教头到所有教师都被纳入年度评价，评价结果与升职、收入、岗位调动、表彰、培训等挂钩。评价的四个一级指标是学习指导、生活和发展指导、学校管理、特殊活动及其他；每个一级指标下的二级指标都是这样三个：能力、愿望与积极性、业绩。[26]能力体现的是教师个体特征，例如其三级指标"对学生的正确理解、进行学科计划、指导的能力"；愿望与积极性体现的是性向、态度和行为，例如其三级指标"参加进修的愿望与积极性、与学生家庭的合作、与学校所在社区的合作、公平的行为和态度"；业绩是以达成教育目标为目的的多方面业绩，包括学习指导促使学生进步的状况、目标达成的情况，生活和发展指导、学校管理、特殊活动及其他的目标达成情况，也就是直接指向学生获得的学习成就。

法国教育部于2013年7月颁布的法国教师专业能力标准围绕教师应承担的角色和职责，提出

5 类角色的职责行为、19 条教师必须具备的专业能力，要求教师了解学生并帮助所有学生实现成就。英国教育与技能部和师资培训署于 2002 年共同颁布了《合格教师资格标准和教师职前培训要求》；2007 年的新标准针对 2002 年标准的不足做了修订，将专业标准划分为"专业特质""专业知识与理解""专业技能"，板块下面又进一步划分了维度。2010 年英国政府颁布白皮书《教学之重要性》，提出学校应当以"教师教学"为核心进行彻底改革。2012 年英国教育部再次颁布新的教师专业标准——《教师标准》，新标准从动机激发、学习过程与成效、专业知识、教学设计、个性化与全纳性教学、评价、课堂管理、教学辅助行为八个维度对教师的各方面提出要求，要求教师根据学生的知识背景、能力和性格设置有挑战性的目标，目的是为了强化教学效果。英国的《教师标准》具体应用到了教师资格认定、教师职级认定和作为教师培训的指南与培训效果检验的标准。例如，英国实施的"卓越教师计划"（Outstanding Teacher Program，简称 OTP），其培训的目标群体是那些优秀的教师，或者是离卓越教师只有一步之遥的教师，通过培训促使他们尽快成长为卓越教师甚至高技能教师。

美国堪称教师专业标准研发与应用的典范。20 世纪 80 年代前，大多数专业发展的调查和评价集中在对教师的作用上，其基本目标是建立一套界定明确且极佳的专业发展策略。80 年代中后期开始直到整个 90 年代，研究者和教育工作者的研究重点发生了变化，转到最终希望达成的目标上。多数教师专业发展设计者真正的目的和终极目标是为教育工作者提供一种帮助所有学生在高层次学习的专业知识和技能。[27] 聚焦于提高学生的学习成绩而不是专业发展的方法和手段，引起了教师专业发展很大的变化。教师专业发展设计从要实现的学生学习目标、达成学习成果来寻求最优的策略组合，是"从终端开始反向运作"的。美国政府和社会对基础教育质量高度关注，1986 年卡内基小组公布了《准备就绪的国家：21 世纪的教师》（A Nation Prepared:Teachers for the 21st Century）报告，指出美国的经济成功取决于优质的教育质量，而取得优质教育质量的关键是建立一支经过良好训练的师资队伍。卡内基报告建议尽快建立全美专业教学标准委员会。1987 年美国专业教学标准委员会（The National Board for Professional Teaching Standards，简称 NBPTS）成立，颁布了《美国专业教学标准委员会优秀教师评价体系》。该评价体系作为比较公认的、权威的优秀教师评价标准，后来成为各州制定州级教师评价标准的基础。2015 年，美国专业教学标准委员会升级了优秀教师资格的标准，接受美国中小学教师的申请并予以认定。新优秀教师资格标准涵盖了对教师教育基本理论知识、实施差异教学的能力、教学实践与学习环境、教学的有效性及教学反思过程四大方面的考核。升级的标准体现了对教师的专业知识、专业能力等特征的要求，以及有效教学行为和教学反思的要求。

在美国，从国家到州再到学校，这些专业标准体系都有具体应用的政策机制。国家和州层面接受中小学教师的优秀教师申请并予以考核认定。学校层面依据区分性教师评价标准体系对实习教师、新任教师、边缘教师进行评价，并对绝大多数教师实施促进其专业发展的评价。学校有规范而明确的评价程序，分为评价前、评价中和评价后三个阶段。[28]（1）评价前——学期初：校长与全体教师开会，解释评价过程、评价的形式及教师需要回答的问题，学校可指定其他合格的教师帮助需要被评价的教师。（2）评价中——学期中／学期末：对表现合格的教师，校长结合平常的非正式教学观察，即可决定哪些教师的教学表现符合学校的标准。当观察结果符合评价标准时，由校长决定是否还需要到教室进行四次正式教学观察并查阅教师的教学档案资料。在非正式的教学观察中，被确定为表现有待改进的教师，则由校长及相关评价主管部门等对其进行正式的教学观察。在正式的教学观察时，校长针对任何一项评价指标未达标或整体表现未达标的教师，提出书面改善措施与辅导，协助教师成长，并给予教师 20 至 50 天的改善期限，再进行追踪评价，然后通知评价结果。如果校长等评价主管不能针对受评教师的教学表现提出改进策略，代表着校长等主管的表现不合格。（3）评价后——学期中／学期后：首先，召开评价报告会。在最后观察十日内开会，提出两份评价表，内容为评价科目、时间、评价者、评价结果、受评者。其次，提出并落实辅导措施。在评价中，需对有待改进的教师提出辅导措施并帮助教师改进教学行为，从而促使教师做出有效的教学行为。最后，教师的处理。在召开评价报告会后，教师和主管部门都在评价表上签名，但教师的签名不表示认同，如果教师对评价结果有异议则可申诉。

美国教师评价的目的和功能包括教师资格认证、教师聘任、教师自评和专业发展多个方面，并十分强调学生的学习成绩。科克兰·史密斯（Cochran Smith）认为教师评价包括三方面的目的：一是评价教师的专业绩效；二是测量教师对教学知识的掌握；三是提高教师教学质量和学生学习成绩。[29]美国社会各界不断地反省教育中出现的问题，并越来越重视学生的学习成绩，将学生的学习成绩与教师绩效挂钩，建立起教师问责制度，评价教师对于学生学习成绩的影响。截至2013年，美国有38个州要求地方在评价教师时，考虑到教师对学生学习成就的影响，还有另外8个州也提出相同的建议。[30]总的来说，美国教师评价内容主要涉及教师教学能力、教师人格特质、教学行为和学生学习成绩；评价方法主要包括课堂观察法、调查法、档案袋法、教师自评法、学生成绩法等。

四、国外教师评价研究与应用对我国的启示

从某种意义上说，我国其实是世界上教师评价体系数量较为丰富、教师评价开展较普遍的国家。改革开放后，我国迅速建立了六大教师评价体系：教师专业技术职称评审体系、教师荣誉评审体系、教师资格评审体系、教师年度考核或绩效评价体系、教师专业标准，以及经常性的各级各类教研活动中的课堂教学评价标准。这些评审体系和相应的政策机制在一定程度上促进了我国基础教育质量的提升和广大中小学教师的专业发展。但是，从我国新时期自身高质量发展的需要，以及与发达国家教师评价的专业性、政策机制的合理性和务实性相比较来看，我们的短板与不足也是非常明显的。

（一）政策机制上，教师评价行政化过强、专业性太弱，需要去行政化

行政化过强的第一个表现是分指标。无论是特级教师、优秀教师这些荣誉评审，还是初级、中级、高级等职称评审，一律由上级行政部门分指标。这样的结果是优秀教师、职称高级别教师的多少主要不是由教师的专业水平决定的，也不是经过一个专业评判后确定的，而是由事前的指标决定的。教师水平高，指标少，那么优秀教师、职称高级别教师也少。教师水平没有提高，指标增加了，优秀教师、职称高级别教师也多。在一定程度上，优秀教师、职称高级别教师等，不是学校可以规划发展的，也不是教师自己可以规划发展的，而是由机会决定的。这样的结果导致教师专业发展的主动性、积极性降低，经营关系、把握机会的积极性提高。

对此，我们应该借鉴美国专业教学标准委员会（非政府组织）的做法和国内律师、会计师、心理咨询师等的认定方法，不由上级教育行政部门分指标而是让教师自主、自动申请，由第三方专业组织按照标准和流程考核认定特级教师、各类优秀教师和各职称级别教师。那么，教师专业发展的主动性和积极性会极大提升。由此，教师专业技术职称评聘分离的政策尽管在实施中遇到一些问题，但也不应当放弃。学校的职称结构比例受学校岗位设置限制，这是科学合理的。职称评审按照专业标准进行，聘用到什么岗位由学校决定，评聘分离是正确的。

行政化过强的第二个表现是这些评审不是专业组织主导的。无论是特级教师、优秀教师这些荣誉评审，还是初级、中级、高级等职称评审，一律是行政部门主导的，而不是专业组织自主开展的。尽管设有专家评审委员会，但这个委员会还是受行政部门控制的、依附于行政部门的、具有临时性质

的、非独立的组织，他们主要不是对自己的专业性负责、对评审对象负责，而主要是对组建评审委员会的行政部门负责。按照国家治理体系和治理能力现代化的发展方向以及教育管办评分离的改革趋势，这些评审及其评审的组织工作应当从政府部门分离出来，不再作为政府部门及其所属事业单位的职能职责，而应当实现评审的专业化、社会化，交由相关行业协会、专业组织完成评审，政府、学校只是使用这些评审结果。

（二）评价标准方面，评价指标和标准专业性差、过于笼统，需要借鉴国际先进标准并加强本土研究，增强专业性

1986 年，我国颁布《中小学教师职务试行条例》；1993 年，教育部公布了《特级教师评选规定》；1995 年，国务院颁布《教师资格条例》；2012 年，教育部印发《幼儿园教师专业标准（试行）》《小学教师专业标准（试行）》和《中学教师专业标准（试行）》，教师评价制度逐步形成体系。但是，《教师资格条例》较少涉及专业性，《中小学教师职务试行条例》除了学历、年限很明确外，涉及教学专业性的任职条件表述非常笼统。配合专业技术职务履职情况考核的教师年度考核或绩效评价大都是简单照搬行政人员的评价体系，从"德、能、勤、绩"四个方面进行评价，这是一种主观性很强的随意性评价，评价目标往往指向学校行政管理内容，而对教师的专业发展考虑较少，也容易导致教师只对学校领导负责而不是对学生的发展负责。[31]《特级教师评选规定》指出特级教师应是"师德的表率、育人的模范、教学的专家"，并从职业道德、专业能力、教学效果、培养青年教师等方面，界定了特级教师的评价标准。具体而言，要求教师"一贯模范履行教师职责，教书育人，为人师表""具有坚实的理论知识和丰富的教学经验""教育教学效果特别显著""在教育教学改革、教学法研究、教材建设方面成绩卓著""在培训提高其他教师方面作出显著贡献"。这个评选标准也过于原则化，相当于只有评价的一级指标或者评价的维度，没有具体的评价标准。建议充分运用国际国内有关有效教师特征（包括胜任力特征）、有效教学行为等

方面的研究成果，并借鉴美国、英国、日本的教师评价标准，结合中国实际研发本土需求的教师专业评价标准。

（三）教师评价应用方面，功利性评价是主导，支持教师专业发展的评价被冷落，需要增强教师专业评价在选拔、培训中的运用

在我国，真实发生最多的中小学教师评价是"评优评先""职称评定"。我国对中小学教师像大学教师那样评定专业技术职称，现实评审中中小学教师的职称是论文导向（常常是只评了学历、工作年限、论文），没有教学效能导向。因此，实际评审出来的中、高级职称的教师并不一定教学卓越。"评优评先""职称评定"这类功利主导的评价，由于行政管理权限的分割，没有把教师专业标准整合在其中。因此，上述教师评价较难解决教师专业发展问题，指导教师专业成长的功能较弱。

2012 年，教育部颁发的幼儿园、小学、中学教师专业标准，涉及教师特征、态度与行为，在专业化方面前进了一大步。但是，仍旧没有关注学生学习目标和学习成就，且与各级荣誉评审条件、专业技术职称评审条件缺乏衔接与整合，没有得到很好地应用，极大地削弱了其作用。国家颁发的幼儿园和中小学教师专业标准，在现实中有被冷落的尴尬。不仅"评优评先""职称评定"没有充分运用，就连直接帮助教师专业发展的教师培训以及教师自我的专业成长规划也运用很少，教育部门、相关培训机构、学校和教师鲜有对照有关教师专业标准开展课程设计和评价培训效果。国内教师培训大多数还停留在只关注讲课教师是否"有名"这个初级阶段，很少关心教师需要什么素质、特征或行为，也不怎么关心培训课程、培训内容等。关于有效教师特征、有效教学行为、教师胜任力的这些教师评价研究成果既很少被运用到教师培训中，也几乎没有运用到教师资格认定、教师评聘等领域，研究和实际运用是脱节的。未来的重点是着力改变这种粗放型的发展现状，可以借鉴英国、美国的一些做法，把教师专业标准与教师的荣誉评价、职级评价融合起来，建立政策机制让国家颁发的教师专业标准真正被应用。教师人事

管理部门、教师培训部门需要建立不断吸收教师评价研究新成果的科学决策机制，将国际国内有用的研究成果运用到政策实践中，适时修订有关专业标准和评审标准。

（四）课堂教学评价和学校年度教师评价形式主义倾向明显，需要深化改革，建立促进教师专业成长的学校教师评价机制

教师课堂教学评价直指教师课堂教学行为，理应对教师专业发展有直接帮助。但是，现实中这一功能的发挥较为有限。原因有：一是由于实证研究不多，思辨研究为主，导致评价标准的见仁见智，较难达成专业共识；二是课堂教学评价往往没有系统、持续的跟进，没有形成"评价—反馈—改进"的循环，课堂教学评价时常成为教研活动的一个表演。一般而言，教研活动结束，什么都结束了。这方面未来的发展应当是大力加强有效课堂教学行为的实证研究，开展持续、广泛合作的研究。教师年度考核评价可以借鉴美国的区分性教师评价体系和日本"新教师评价"的评价机制，克服当前学校教师评价的低效和形式主义，评价指标要重点关注教师对学生发展的影响、对学生学习目标达成和学习成果的贡献，使得学校开展的教师评价真正促进教师专业发展，提高学生学习成就。最后，学校还需要建立鼓励和引导教师自我评价和自我改进的政策机制。

参考文献：

[1][18] 贺菲.20世纪西方教师效能研究的历程、反思与启示 [J]. 西北师大学报（社会科学版），2008（3）.

[2][17] 姚利民.国外有效教学研究述评 [J]. 外国中小学教育，2005（8）.

[3] 秦建平，张新建，张均先.有成就教师个性特征的初步研究 [J]. 贵州师范大学学报（社会科学版），1992（4）.

[4] 李琼，吴丹丹，李艳玲.中小学卓越教师的关键特征：一项判别分析的发现 [J]. 教育学报，2012，8（4）.

[5] 李祚山，方力维，向琦祺，陈晓科.中学卓越教师核心素质特征及其生成途径研究 [J]. 重庆师范大学学报（社会科学版），2017（5）.

[6][7] 赵忠君，郑晴，张伟伟.近十年国外教师胜任力研究动态与启示 [J]. 内蒙古师范大学学报（教育科学版），

2017，30（12）.

[8] 李玉华，林崇德.国内外教师胜任力研究比较及思考 [J]. 辽宁教育研究，2008（1）.

[9] 徐建平，谭小月，武琳，杨敏，谭书弋.优秀中小学教师胜任特征分析 [J]. 教育学报，2011，7（1）.

[10] 彭建国，张宏宇，牛宙.小学优秀教师胜任力人格特征研究 [J]. 教育导刊，2012（3）.

[11] 张佳洁.小学教师胜任力与绩效关系研究 [D]. 哈尔滨：哈尔滨师范大学，2012.

[12] 刘福泉，苗洪霞，户明明.中小学教师胜任力与教学效能感的关系研究 [J]. 天津市教科院学报，2013（3）.

[13] 谢彩春.中小学教师教学胜任力模型构建研究 [J]. 当代教育论坛，2016（5）.

[14] 姚玲，李伟，高文阳，张金秋，麦迪娜.中学教师胜任力模型的建构研究——基于兰州市中学教师的调查 [J]. 通化师范学院学报，2017，38（7）.

[15] 姜珊珊，霍力岩.幼儿园教师胜任力量表中文版的初步修订 [C]. 第二届全球教师教育峰会，2014.

[16] 盛艳燕.教师胜任力研究的取向与态势——基于核心期刊的文献计量分析 [J]. 高教探索，2017（1）.

[19][20] 龚晓林.教师教学行为研究述评 [J]. 兴义民族师范学院学报，2015（5）.

[21] Patricia Kearney, Timothy G. Plax, Terre H. Allen. Understanding Students Reaction to Teachers' Misbehavior [J]. Communlcation Education, 2000.

[22] 李莎莎.中美课堂有效教学行为研究的比较分析 [D]. 上海：上海师范大学，2012.

[23] 蔡永红，黄天元.教师评价研究的缘起、问题及发展趋势 [J]. 北京师范大学学报（社会科学版），2003（1）.

[24] 衡林利.国内近十年中小学教师有效课堂教学行为研究的元分析 [J]. 南昌教育学院学报，2016，31（1）.

[25] 李昱辉.日本教师评价的转型与特征 [J]. 比较教育研究，2017，39（6）.

[26] 郝玲玲，孙河川，郭丽莉.日本中小学教师评价指标述评 [C]. 中国教育学会比较教育分会第15届学术年会暨庆祝王承绪教授百岁华诞国际学术研讨会，2010.

[27] [美] 古斯基.教师专业发展评价 [M]. 方乐，张英，等译.北京：中国轻工业出版社，2005.

[28] 隗峰.美国中小学对教师教学行为的评价：原因、内容与程序 [J]. 外国中小学教育，2010（5）.

[29] Cochran-Smith M. Constructing Outcomes in

Teacher Education: Policy, Practice and Pitfalls[J]. Education Policy Analysis Archives, 2001.

[30] Jim Hull. Trends in Teacher Evaluation[EB/OL]. (2013)[2015-7-15].http://www.CenterforpublicEducation. org/Main-Menu/Evaluating-performance/Trends-in-Teacher-Evaluation-At-A-Glance/:Trends-in- TeEvaluation-Full-Report-PDF.pdf.

[31] 杨传昌, 蒋金魁. 我国中小学教师评价制度研究综述 [J]. 教育探索, 2009 (3).

Research on the Teachers' Evaluation and Application of Domestic and International Development

QIN Jianping

(The Chinese Society of Education, Beijing 100088, China)

Abstract: During the period from the end of the 19th century to the 1970s, a large number of research achievements about effective teachers were made abroad. From the 1950s to the 1980s, the relationship between teachers' behaviors and effects became a hot topic for researchers in the United States and the United Kingdom, resulting in effective standards of teaching behavior and other achievements. In the mid-1980s, the United States first proposed the evaluation of teachers' professional development, focusing on students' learning achievements. In the 21st century, the United States, the United Kingdom, France and Japan have all formed a teacher professional standard or evaluation system that not only integrates teachers' characteristics and teaching behaviors, but also focuses on students' learning achievements. Since the domestic related research was started late, it still focused on conceptual research. The future direction should be in-depth, continuous and extensive cooperation to carry out empirical research on the relationship between teachers' characteristics, teaching behavior and student' learning achievements, and a professional, effective and practical teacher evaluation policy mechanism should be established at the application level.

Key words: Teacher Evaluation, Characteristics of Teachers, Teaching Behavior, Professional Standards

（责任编辑: 茶文琼　顾成）

从反思到前瞻：中德可持续发展教育之路

克里斯蒂娜·汉森[1]　华　夏[2]　苏　娇[2]

（1. 帕绍大学　帕绍　94032；

2. 上海市师资培训中心　上海　200234）

[摘　要]　本文从理论和实践两个方面对中德可持续发展教育及合作进行了研究，从德国视角提出了可持续发展教育的跨学科性、全球视野以及区域性三个关键因素。在此基础上，以中德"环境教育"研究项目为例，构建了"环境教育"课程开发模型；将理论结合实践，对上海可持续发展教育的未来进行了思考，全面见证了在可持续发展教育的背景下，21世纪教育国际化、多元化、网络化合作的发展趋势。

[关键词]　可持续发展　环境教育　学校发展　教师专业发展

人类社会伴随着政治的多元化、经济的多维化和教育的国际化这三大浪潮迈进21世纪。这个时期，国家竞争就是经济竞争，经济竞争就是科技竞争，科技竞争就是人才竞争，而人才竞争就是教育竞争。那么，21世纪的学校教育和教育发展观应该是什么呢？

一、从环境教育到可持续发展教育

人类社会的生活、生产和消费方式并没有为地球上生态系统维持长期的稳定环境提供条件。在保持功能性生态环境的过程中，人类扮演着关键角色。人类行为所产生的影响、所作出的积极或消极的决定，不仅对个人的未来，也对整个社会起决定性作用。气候变化、自然资源的过度使用、自然和环境灾害、人类社会不断加剧的贫困化、动植物多样性的消退等，都是21世纪社会面临的严峻挑战。国际化大背景下，可持续发展进程的实现有赖于具备责任意识、行动能力与行动意愿的人，人的这些能力素养依赖于社会教化和学校教育，以此保障社会的发展与构建。环境教育一直是可持续发展教育的重要组成部分。传统环境教育注重传授知识，重视培养学习者的环保能力。随着全球化进程的推进，环境教育在国际化大背景下具有更多跨区域和跨国家的意义与目标，即人的环境素养是解决环境问题的关键。环境素养不仅包括环境知识和技

作者简介：克里斯蒂娜·汉森（Christina Hansen），德国帕绍大学哲学院基础教育教学与教法系教授，主要从事教育多元化、天赋促进教育、教育空间发展、教师教育国际化研究。

华夏，上海市师资培训中心副研究员，主要从事教师教育国际化、课程与教学研究。

苏娇，上海市师资培训中心讲师，主要从事教师教育国际化、德国文学研究。

能，还包括环境意识和价值观。

（一）环境教育走向可持续发展教育

那么，传统环境教育与可持续发展教育有何区别？传统环境教育是对环境保护的不足之处作知识补充，尝试将学习者培养成保护天然生活基础的"律师"，其焦点多是区域性以及国家性的目标。而可持续发展教育的目标有更上位的要求：当前环境的"律师"应当成为未来生活世界的"构建者"。除了掌握保护环境完整性的知识与技能，也要学习从不同视角分析可能会导致环境问题的冲突，培养以发展性思维解决不同问题的能力，平衡不同利益群体间的困阻，让可持续性行为成为可能。

有一个例子：人们养护河流可能会出于多种原因，有些人认为河流可以带来休闲生活，有些人认为河流可以带动饮食经济的发展，有些人将河流等同于区域供水系统，还有些人将河流视作处理工业废水的一条通道。如果一条河流流经多个国家或区域，将汇聚更多跨区域或国际化的想法与观点。也就是说，对于同一条河流，人们的利益所在有所不同，而且是多变的。当人们争论河流如何使用时，最终的决定权倾向于强权和人为的因素，而最终的受害者就是河流本身。而且，人们的决定并不一定能可持续地解决问题，从而让河流的使用一直令人满意。人们必须学习、反思、协调与环境相关的不同观点和利益所在。这不仅有助于开拓视野、理解他人观点，而且有助于培养共同解决问题的能力。这个例子说明：在复杂的环境问题背景下，传统环境教育必须多方向拓展、深入思考，培养具有可持续发展意义的环境素养，让对当前环境问题的认知转化为构建性的可持续性行为，保护人类共同的环境，认识并理解环境和人类的平等与相互依存关系。

（二）可持续发展教育构成了可持续发展行为的重要内容

1992 年，在巴西里约热内卢召开的联合国环境与发展大会上通过了《21 世纪议程》，其中第 36 章明确将教育带来的改变作为可持续发展的关键因素。关于哪些前提能够开创可持续发展必要的能力与态度，也引发了大家对作为教育机构的学校的定义，以及对专业教育人员角色的探讨与界定。2014 年，联合国教科文组织发布了《全球可持续发展教育行动计划》，提出可持续发展教育以双重身份推动教育创新：一是把可持续发展纳入教育当中，二是把教育纳入可持续发展当中。同时强调，可持续发展教育包含四个方面的含义，即更新学习内容、创新教学法与学习环境、培养学习能力和促进绿色社会建设。[1] 2015 年，联合国可持续发展峰会批准通过了《2030 年可持续发展议程》，强调要确保所有学习者掌握可持续发展需要的知识和技能，开展可持续发展与可持续生活方式教育。可持续发展目标旨在从 2015 年到 2030 年间以综合方式彻底解决社会、经济和环境三个维度的发展问题，转向可持续发展道路。

可持续发展教育的提出，使社会、经济、环境这三个维度共同成为人类认知转化与可持续发展行为构建的框架。因此，人们在实践可持续发展教育的过程中，既需要对从环境教育到可持续发展教育的理论背景有所了解，也需关注实证经验。

（三）学校教育是可持续发展教育的重要途径

在可持续发展的背景下，当前学校教育面临着巨大的挑战。学校教育是实现可持续发展的重要途径。教育应当培养与可持续问题相关的自觉意识，并使人们掌握关于这些问题的知识。可持续发展的本质变化需要"心理转变"，"让人们能够积极并有责任意识地参与世界社会的可持续构建"。[2]学校可持续发展教育应当致力于促进社会的可持续发展，这需要适用于教育各个阶段的问题导向性的学习动机和行动导向性的实践机会，它们在每一个教育过程中的重点与形式也有所不同。同时，也对教师提出了要求，要求教师专业能力过硬，善于反思，能清晰地向学生传授可持续发展教育领域的复杂知识，把环境教育的发展潜力作为学校整体在其社区可持续发展的质量标志。

二、可持续发展教育的关键因素

可持续发展教育的研究应该具有批判性，在理解社会与其所肩负的环境责任意识的同时，也认识到客观存在的复杂性、不确定性及矛盾性。可持续发展本身被理解为一种学习过程：聚焦能力的建构与批判性思维的培养，这两者是在可持续发展意义上作出主观决定的前提。[3]可持续发展教育的三个关键因素将被不断大力扩展。

（一）可持续发展教育课程体现跨学科性

要在复杂的全球化环境教育视角下培养构建能力并不是让学校教育划出学科或教学法的界限，而是为后续的学习过程做好衔接。因此，环境教育不仅需要学习环境知识与技能以及培养合格的具有环保意识的行为，而且需要教育理论来保证当下的学习具有可持续的未来意义。所以，可持续发展的重点在于导向性的基础知识和方法，培养个体的未来适应力及构建能力，并完成在新情景中的转化。

因此，有必要扩大环境教育的视野，使其从之前的生态学维度转向生态、经济和社会三个可持续发展的维度，这意味着在获取经济行为能力、自然兼容力和社会公正性的不同目标层面将有诸多交叉。可持续发展的不同维度复杂交叉、相互作用，其扩展观点也反映了以往单一维度主题的局限性，避免了被计划和被实施的"环境项目"的刻意性。同时，专业学科的拓展和交叉是有必要的，如经济和社会目标等，其动机、理由和主角不再像传统环境教育那样仅从生态学视角被考察，也会涉及科学、哲学、人文、艺术等学科。

（二）可持续发展教育设计具有全球视野

在欧洲、北美、大洋洲、亚洲的一些国家，环境教育活动的发展与实践走在世界的前端，已经渗透在校内教育、职业培训和非官方的各项活动中。而亚洲国家在该领域的发展水平很不均衡，中国、韩国、日本等国的环境教育走在前列。中国的环境教育理念已经基本形成。普遍来说，亚洲地区的环境教育需要将经济发展与环境意识结合起来。同时，目前大部分发展中国家开展的环境教育活动都得到了不同程度的国际性支持。在可分析的可持续发展的原因与影响的国际大背景下，可持续发展教育在社会教化、学校教育和教师教育的国际化方面成了特定的激发点。

因此，学校的环境教育视野普遍从国内环境教育转向了国际环境教育，即可持续发展的愿景认为人类行为会跨区域对整个地球产生影响。地方行为的跨国界效应案例不胜枚举，酸雨、雾霾是被媒体多次引用的关键词。所以，尽管国家、地域不同，但可持续发展教育却是一项国际化议题。

（三）可持续发展教育教学关注区域性

德国学校教学大纲显示，环境教育在本国或单学科视角下进行，并没有制定相应的国家及地区教育政策准则，或把国外的，或有可持续发展教育国家的标准作为参考。历史依据和当前数据表明，教育政策的具体构建与国家和地区的结构以及问题相关，其实际构建并非以国际化标准和趋势为导向。造成这些教育政策矛盾的原因在于：今天的国际化和标准化过程通常由去中心化和去区域化策略引导，并没有重视国家的理念是否具有国际兼容力。

因此，可持续发展教育不仅必须基于其复杂性而进入国际性讨论，也必须从国际化视角中推出学习者可转化的能力，并在相关区域落实。出于这个原因，可持续发展教育必须与执教者的知识与经验水平直接相关，从而进一步被其他个体运用在自己所处的情景中。被使用的信息要具备相关性、可信性、可行性和客观性。同时，只有提供相关的、具有针对性的教学法和教育措施，才能实现意识与态度的持续改变，并持续地扩充新知识和能力。同样，新的教育措施也会在具有文化适切性的范围内被参与性地理解。

可持续发展教育倾向于从不同视角使用教学法，其原则首先是发展涉及可持续发展各个层面和方向的网络化视角，囊括生态、经济、社会、文化和政治层面，以及与现在和未来、本地性和全球性等发展因素之间的相互影响与关联。其次是以"参与"为导向培养全球视野，包括与生物圈、与地球上其他地区和文化互动的相互影响，为自己所作的决定肩负责任。最后是拟定未来视角，即思考长期影响人类未来的生活问题，以及人类所面临的发展挑战，并对社会发展有积极的期望，能够带着愿景、想象和创造力，迎接未来的挑战，勇敢尝试新事物，探索未知的道路。

目前，德国有关可持续发展教育关键能力评估的研究主要聚焦于认知素养。这不仅适用于可持续发展教育关键能力的研究，也适用于所有以"可持续发展教育"为重点的项目（这些项目多注重认知素养）。[4] 全面理解可持续发展教育的关键因素就是必须注意问题解决策略和网络化思维策略，避免"来自实证教育研究的对于能力概念的认知偏差"[5]。可持续发展教育自我构建能力的模式化与评估既需要关注认知和非认知元素，也要关注心理学和社会学的行为动机。[6]

总体来说，德国与可持续发展的关键能力及关键因素的相关研究尚处在起步阶段。目前，关键能力的系统化与区别化、能力模型及相应的客观能力测量工具的进一步发展仍有待深入研究。在未来，需要推进多维视角行动导向性的学习策略以及网络化的思维。同时，应特别重视跨学科和多维视角的转化型知识的框架，以用于发展自我构建能力意义上的教学法理念。

三、可持续发展教育的实践：中德"环境教育"研究项目

《2030年可持续发展议程》是重新引领人类走向可持续发展道路的全球框架，它的17项可持续发展目标具有全面性、变革性和包容性，描述了人类生存所面临的至关重要的全球性发展的挑战。这些目标设定了环境限制及自然资源使用的临界值，提出了应对气候变化和进行环境保护的同时，要解决教育、卫生、社会保护和就业机会等一系列的社会需求。为了实现这些目标，每个国家都需要尽自己的一份力量，将可持续发展纳入国家的发展框架、政策和措施之中。这体现了可持续发展教育的关键因素的"全球视野"。[7] 因此，重视环境保护、环境教育和公民环境素养的培养是促进国家经济、社会、文化协调发展和提高综合国力的必然要求。2017年，中共十九大提出"推动构建人类命运共同体"，强调建设生态文明是中华民族永续发展的千年大计。新时代中国发展的环境愿景是"绿水青山就是金山银山"，具有丰富而深刻的内涵和时代价值。《中国学生发展核心素养》也提及多项可持续

发展素养的要点，培养具有可持续发展素养的全球公民是落实国家绿色发展理念和推进生态文明建设的具体落脚点。2017年8月，教育部发布了《中小学德育工作指南》，围绕德育目标阐明了生态文明教育就是要加强节约教育和环境保护教育。环境教育要从小抓起，帮助学生树立人与自然和谐相处的环境道德观念，培养他们爱护自然、尊重自然的态度，养成保护生态环境的行为习惯。让未来的公民尽早地建立保护环境的使命感和责任感，这既体现了时代发展的鲜明特征，又符合可持续发展的要求。

可持续发展教育在中国已走过了50年的发展历程。近20年以来，其理论研究和实践探索均积累了一些经验，已经具备了一定的实践基础。但由于缺乏系统性和一致性，能够实施可持续发展教育的教师也不足，缺少可持续发展的评价设计，所以中国的可持续发展教育的进一步发展受到了限制。因此，必须基于全球化基本共识，制定区域化的可行性概念与指标。而能够实施可持续发展教育的教师的培训和进修、课程的实施以及区域、跨区域和国际化合作都是重要的先决条件。可持续发展教育的最终目标是让每个公民都具备推动并参与构建可持续发展进程的能力与素养。中德"环境教育"研究项目恰好补充了中国和国际对话中关于可持续发展教育的一些空白。

（一）中德"环境教育"研究项目背景介绍

中德"环境教育"研究项目是在中国"十三五"规划的框架下，专注中国教育创新发展的研究项目，其内容聚焦课程的发展与改革和教师的专业化发展，研究侧重于开发适用于中国小学的可持续发展教育主题课程。2015年至2017年，上海和浙江的20所试点小学成功实施了由德国联邦经济合作和发展部（Bundesministerium für Wirtschaftliche Zusammenarbeit und Entwicklung）资助的可持续发展教育中德"环境教育"研究项目，运用可持续发展理念，结合中国地方特色与学校发展目标，培养小学生的环保意识，以开发学校环境教育课程为重点，开展教材资源建设、教师培训、专业研讨交流与学生实践等活动。这个项目由上海市师资培训

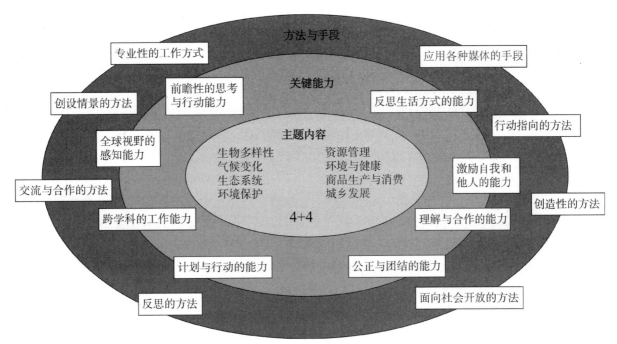

图1　"环境教育"课程开发模型

中心和浙江省中小学教师与教育行政干部培训中心推进落实，德国帕绍大学进行学术指导和评估工作。"环境教育"研究项目的落实推进过程，也是学校发展进程的一部分，体现了学校具体实施可持续发展教育的可能性。

（二）中德"环境教育"研究项目课程开发

帕绍大学的汉森（Christina Hansen）教授和普朗克（Kathrin Plank）博士开发的"环境教育"课程开发模型[8]（如图1所示）是研究项目框架下的学校系统性发展和课程研发的核心理论基础。它根据哈恩（De Haan）等人[9]的自我构建能力概念，将确定的课程"主题内容""关键能力"和选定的"方法与手段"相结合。

模型对学习者的自我建构能力进行了系统的解读，强调个体"自我建构能力"的养成有赖于各项可持续发展教育的目标"关键能力"的培养、协同与可持续发展。"关键能力"包括：学生的行为能力，如全球视野的感知能力、跨学科的工作能力、前瞻性的思考与行动能力、计划与行动的能力等；情感因素，如理解与合作的能力、激励自我和他人的能力等；更涵盖了态度与价值观，如公正与团结的能力、反思生活方式的能力等。学生只有真正具

备了应有的态度、价值观、情感与行为能力，然后再结合环境方面专业的知识与技能，才能促使他们积极参与未来社会的健康发展与建设，为生态、经济和社会领域的变化提供可持续发展的保证。针对"关键能力"的培养内容，各个项目试点学校均在相关学科或环境教育案例中有针对课程"总体目标"和"课程要求"的表述与对应。

在确定可持续发展教育的目标能力时，模型除了考虑自我建构能力外，还考虑到学校发展进程中必要的可实施内容。学校各个层面对可持续发展教育的整体渗透是该模型中持续实施可持续发展教育的一项重要前提。为了制定相应的教育措施，模型中给出的可持续环境教育"主题内容"将四个可持续发展的目标维度（社会正义、经济绩效、民主决策、环境兼容性）体现在如下的学校发展层面：

（1）可持续发展教育的学习氛围与课堂教学；

（2）学校文化与工作环境；

（3）可持续发展教育专业人员的个人能力、观点与态度；

（4）校内外的可持续发展教育伙伴；

（5）可持续发展教育学校特色与学校管理。

同时，参与项目的每所试点学校可根据其教育实践与发展目标从"主题内容"中选取自己的课程主题，"本土特色"是选取时的一个基本原则。因为只有把当地的典型环境问题展示出来，才会引起学习者对真实环境问题的关注，并对身边的环境多一分"看到""听到""感觉""体验"。例如，上海市长宁区愚园路第一小学虽地处中心市区，但周围的居民小区很多，校园面积很小，学生长期处于高拥堵、高噪音环境下。因此，愚园路第一小学选择的主题内容是"环境与健康"，开发以"校园环境与健康"为主题的课程内容。位于远郊的上海市金山区兴塔小学，附近居民小区少，自然空间大，有大片田野和小河经过，鱼鸟和蟾蜍等小动物随处可见。因此，兴塔小学选择的主题内容是"生物多样性"，开发以"保护野生动物"为主题的课程内容。浙江省的轻纺小学位于中国较大的纺织城之一绍兴市中，走出校园即可轻易感受四处的轻纺贸易色彩。于是，这所学校以此为重点，选择的主题内容是"商品生产与消费"。每所试点学校都选择了一个适合本校地域环境的环境教育主题内容，这让复杂的知识内容对于学生来说更具情景性、生活性，能更好地认知与理解复杂的知识。另外，每所学校的课程"主题内容"由5—6个具体的"单元主题"构成，每个"单元主题"涉及多个具体的主题活动，每个活动和每个主题之间具有一定的逻辑性，为学习者的环境教育建立了具体而现实的环境问题情景，也为教师进行"活动课程设计"提供了参考。"方法与手段"是指以行动导向性方法论为理论依据的具体的、实现可持续发展目标"关键能力"的教学方法与手段。

所以说，环境知识传授并不是环境教育的全部，"关键能力"才是可持续环境教育的核心目标。学习者的"关键能力"的自我构建在必要的知识理解"主题内容"之上，运用一批有效的、活动式的教学"方法与手段"，达成个体的可持续发展。模型的三个圆环彼此相关，为参与开发课程工作的教师提供了指南。

（三）中德"环境教育"研究项目实践

"环境教育"研究项目侧重于地域课程的整合，将环境教育课程开发与本土课程和学校发展目标相结合，以落实环境教育课程与校本课程特点相结合为出发点，逐步达成课程的模型建构、主题选择、教学内容的分层分类。同时，在基础型课程中，加强可持续发展理念下环境教育领域的基本能力和态度、基础知识及关键能力；在拓展型课程选定的重点领域中，跨学科主题活动被进一步区分和深化，加深了学生对环境问题的浓厚兴趣与认识；在研究型课程中，情景化、实践性和复杂的学习设置保证了学习者能够在其关注的研究领域进行研究。可持续发展理念下的环境教育重视学习者个人的出发点，为其终身学习奠定基础仍然是最先考虑的。

试点学校大力推进的行动导向性环境教育的一个重要环节是纳入校外学习场所。季节性短途旅行、研究性活动和社会实践基地的访问参观使学习者能够进行情景化的应用型学习。与校外机构联合举办展览、表演、竞赛和出版刊物等更让环境教育活动的传播成为可能。因此，在可持续发展的框架下，向社会开放的学校并不会由于校外学习场所的加入而使自身资源枯竭。相反，学校是各个社区进行环境教育和环境保护的引擎，学校环境教育活动或项目可以与当地社会环境进行互动，共促发展。

四、可持续发展教育的实践启示

经过多年实践，中德"环境教育"研究项目不仅推动了上海、浙江的学校环境教育的发展，也开拓了中国可持续发展的实践路径，其经验值得分享。

（一）跨学科开展环境教育，促进学生核心素养的发展

可持续发展素养是面向可持续发展的需要，是通过教育形成的价值观、知识、关键能力与生活方式。试点学校所开发的环境教育课程目标主要是培养学生的"关键能力"，这体现了当今可持续发展教育的国际先进理念，同时也与中国当下的基础教育改革理念、"立德树人"的目标相吻合。例如，中德"环境教育"研究项目开发的环境教育课程围绕环境教育的主题，以跨学科的活动开展学校的

环境教育，体现了可持续发展教育的关键因素——"学校课程的跨学科性"，涉及多领域的知识与技能，强调学习者综合运用多学科的知识和方法解决生活中与环境有关的实际问题，这与核心素养"指向过程，关注学习者在其培养过程中的体悟，而非结果导向"不谋而合。

（二）因地制宜，促进学校环境教育的可持续发展

如上所述，学校的地理位置决定了其周边具体的环境问题，周边的生态环境、社会环境、经济发展也影响着学校的发展。可以说，课程开发的过程也体现了每所试点学校的发展进程。对某些学校来说，"环境教育"研究项目不仅推动了学校环境教育的发展，还可以用这些学校的发展经验引领传统环境教育的转型。例如，上海市普陀区朝春中心小学在较长时期内一直把周边河浜视作群落环境，作为一种资源进行教学和研究，同时，校内还建有一个可供本校师生和周边学习者践行环境教育的设施配备齐全的实验园。然而，对另一些学校而言，"环境教育"研究项目是崭新的，他们随着项目深入而不断推进学校环境教育发展过程。这些尚未接触过环境教育的学校，在实施和执行该项目的过程中所提出的问题和经验，是值得被其他学校用来再次定位自己的发展方向，并进一步明确相关举措。

正是由于践行可持续发展的核心理念，应运而生的中国可持续发展实验学校出现了大批以可持续发展教育促进学校建设、课程改革、教学与学习创新和提升学生与教师的综合素养等方面的成功案例，这些案例充分验证了可持续发展教育面向实践的创新价值与导向意义。而可持续发展教育也发展成为学校的众多特色之一。

（三）全球视野，提升教师的可持续发展教育能力

中德"环境教育"研究项目打开了上海可持续发展面向世界的窗口，搭建了中国可持续发展教育的国际合作交流平台。在项目实施过程中，教师在研发"环境教育"课程的同时，可持续发展教育的意识与能力也在不断提升，可持续发展教育的能力进一步强化，为生态、经济和社会领域的变化提供了可持续发展的保证。未来，上海的学校在深入开展可持续发展教育能力建设时，还应注重教师教育理念的转变，从讲授知识到关注学生表现的过程性变化，以及教师在"跨学科""育人价值""课堂教学方式的转变"等方面的专业成长。同时，市区级科研部门与教研部门应特别关注可持续发展教育，联合学校推进课堂教学改革。另外，应建立种子教师培训机制，通过分层设计实施，为更多的教师提供一条可以了解可持续发展教育的路径，开展可持续发展教育的实践。此外，还应考虑有相关单位联合开发可持续发展教育专题培训课程，并出台相关政策，使可持续发展教育成为教师继续教育教学的必修课程。

（四）整合资源，推动可持续发展教育

可持续发展教育除了关注与学校发展的关联，还需要考虑借助学校外部与实施可持续发展教育相关的部门的各自优势，如非教育机构行政部门、相关研究机构、社区、企业、展览馆、博物馆、生态保护区、历史遗迹、媒体等，从各个方面整合资源，建立可持续发展教育学校—社区合作网络和可持续发展区域联盟，开展有特色的可持续发展专题教育，扩大受益人群，培养尊重生命、尊重环境与资源、尊重传统文化与文化多样性、尊重当代人的可持续发展价值观，共同推进可持续发展教育。

参考文献：

[1][7] 史根东. 关于可持续发展教育的理论边界 [J]. 中国可持续发展教育，2017(4).

[2][4] Klieme E, Leutner D, Kenk M. Kompetenzmodellierung. Eine Aktuelle Zwischenbilanz des DFG-Schwerpunktprogramms[J]. Zeitschrift für Pädagogik, 2010(56).

[3] Mulder E. Strategic Competencies, Critically Important for Sustainable Development[J]. Journal of Cleaner Production , 2014(78).

[5] Schaper N. Fachgutachten zur Kompetenzorientierung in Studium und Lehre[M]. HRK– Hochschulrektorenkonferenz, 2012.

[6] Lind G. Moral ist lehrbar[M]. Oldenbourg Schulbuchverlag, 2003.

[8] Hansen C, Plank E P. Vom Nachdenken zum

Vordenken[M]. Münster:Waxmann, 2019.

[9] De Haan G, Kamp G, Lerch A, Martignon L, et al. Nachhaltigkeit und Gerechtigkeit. Grundlagen und Schulpraktische Konsequenzen[M]. Berlin, Heidelberg, 2008.

From Reflection to Foresight:
An Introduction to Sino-German Education for Sustainable Development

Christina HANSEN[1]   HUA Xia[2]   SU Jiao[2]

（ 1. University of Passau, Passau 94032, Germany；

2. Shanghai Teacher Training Center, Shanghai 200234, China ）

Abstract: This article studies the Sino-German Education for Sustainable Development (ESD) and cooperation from the theoretical and practical perspectives. From the German perspective, three key factors including interdisciplinarity, global perspective and regionality of education for sustainable development are proposed. Based on this, we take the Sino-German "Environmental Education" project as an example, and construct a project curriculum development model. Combining theory with practice, we also think about the future of Shanghai's education for sustainable development and have fully witnessed the trend of education featuring internationalization, diversification and internet-based cooperation in the 21st century under the background of sustainable development education.

Key words: Sustainable Development, Environmental Education, School Development, Professional Development of Teachers

（ 责任编辑: 袁玲　景超 ）

职业生涯初期离职教师的生活史研究

山田浩之　周　正

（广岛大学　广岛　739-8524）

[摘　要]　生活史研究是社会学质性研究方法中的一种重要方法。本文通过对日本国内职初离职教师的生活史研究，深入分析了教师这一职业的时代特点和社会特点，探讨了教师的职业认同及职业发展。研究结果表明，造成被采访者在职初就决意辞职的原因不仅仅是因为教师工作的繁忙，更加深刻的原因是日本社会中存在的根深蒂固的"献身型教师形象"带给被采访者的内在影响。囿于现实条件，被采访者无法按照自己构建的"献身型教师形象"准则去完成好教师的工作。面对教师生活带来的挫败感，他们逐渐走向精神崩溃，最终决意辞职。

[关键词]　职初离职教师　生活史研究　献身型教师形象

一、问题提出

在日本，教师多忙化（指教师工作繁忙）是较为普遍和严重的现象，一直备受社会的关注。教师这一职业因工作量大、薪资低、工作时间超长而被日本民众揶揄为"黑色职业"。其中，内田指出"黑色社团活动"是导致教师多忙化的主要原因之一。初中教师需要付出很多的时间和精力指导社团活动，因此连带着这种社团活动也被称为"黑色社团活动"。社团活动的指导时间从清晨开始一直延续到放学后，甚至持续到深夜的情况也是常有的。如果遇上比赛前的特训，就算是节假日和周末也无法休息，而且教师的这种加班能够得到的加班津贴也非常少。在日本，劳动环境恶劣的企业会被称为"黑心企业"，然而，教师这一职业的状况和"黑心企业"员工所处的状况相比有过之而无不及。

为了改善教师劳动环境恶劣的状况，文部科学省中央教育审议会于2017年7月召开了"学校劳动环境改革特别会议"，对2016年度教师工作实况调查进行了汇报总结，听取了关于教师工作方式改革的相关团体、有识之士的意见，并于2017年8月颁布了《关于学校工作方式改革的紧急建议》，制定了学校教师上下班时间打卡制度，以期通过严格控制工作时间的方式来避免教师超时加班。此外，众多教育研究机构的研究者也纷纷以签名方式

作者简介：山田浩之，日本广岛大学教授，主要从事教师及学校的社会学研究。

周正，日本广岛大学博士研究生，主要从事教师教育及教师的社会学研究。

支持"推进教职员工工作方式改革的项目"缩短教师的工作时间。

在改善教师的工作时间问题上，上述的这些举措是非常必要的。但是，教师的"工作方式改革"与一般企业员工的"工作方式改革"一样难以实行，甚至可以说教师的"工作方式改革"更加艰难。

长期以来，日本的企业一直被社会舆论及政府要求减少员工的工作时间并保证适当的休假，但是依然没有得到充分改善。这是因为，即使从制度上限制了员工的劳动时间，但公司依然会要求员工把残留的工作带回家，员工在公司外处理工作的情况比比皆是，甚至也有员工是自愿加班的。这种不成文的公司规定和员工的自我选择成了"工作方式改革"的主要障碍。

与企业员工相反，教师这一职业却被社会强烈要求进行超时劳动和过量劳动。例如，2014 年 4 月的新闻中，一名身为班主任的教师，为了出席自己孩子的入学典礼缺席了自己任教班级的入学典礼，而受到了来自社会各界的批判和指责。这一事例充分体现了社会大众对于教师的严厉要求。但对于那名教师和他的孩子来说，入学典礼是一生中只有一次的重要活动。为什么参加这样的活动要受到如此的批评和指摘呢？近年来，日本教育界以"建设团队学校"这一观念，推进教师职务的分工和教师与校内外教育人员的相互辅助。但是，现实中社会大众却与这样的教育趋势形成了鲜明的对比。社会大众要求教师更加忠实于自己的职责，甚至教师必须牺牲自己的生活为学生工作，即无私的"献身型教师形象"（类似于中国的蜡烛、春蚕型教师）作为教师的职业要求被提出。

社会大众对教师的这种要求也被不少教师吸收并内化，以此为准则要求自己。因此，即使制度规定缩短了工作时间并限制了职务范围，但也有不在少数的教师把工作带回家，或者在校外继续工作。而且，就算制度上规定下午 5 点以后禁止在学校工作，但校外的工作依然存在，例如辅导学生功课或是指导学生的社团活动。事实上，为了指导社团活动而主动付出时间、承担经济负担的教师有很多。可以说，这样的教师已经将"献身型教师形象"奉为自己的准则，并以此来要求自己。

因此，教师的"工作方式改革"仅仅依靠制度改革是无法实现的。修正社会大众所默认的"献身型教师形象"，从而改变教师自身的意识则是更为重要的事。[①] 但是，教师是如何将"献身型教师形象"内在化的呢？另外，将"献身型教师形象"内在化，又带给教师这一职业怎样的影响？本文通过一位职初离职初中教师的生活史来阐明导致她离职的主要原因 [②]，并在此基础上探讨教师是如何把"献身型教师形象"内在化的，以及是如何造成教师职初离职的。

二、教师的生活

（一）研究对象的基本信息

本文的研究对象此前为日本某中学的国语教师 U（女性）。U 在 2010 年大学毕业，并被录用为日本公立学校的初中教师。但是，在录用后第 4 年就离职了。从下文的对话中可以了解到，U 在录用之初被校管理层委以班主任的重任。在感到工作的困难后，得到了校管理层的理解，职责有所减轻。

本文的采访是在 U 离职 1 年后的 2015 年 8 月进行的。当时，U 以兼职的形式在一家企业工作。下文引用的对话都是通过对 U 进行的采访得到的。另外，引用部分考虑到易读性和对 U 的隐私保密，在不改变内容的前提下进行了部分修正。

---

① 关于日本社会所期待的教师形象及其变化，请参考山田（2004）[1]、伊势本（2017）[2]、油布（1999）[3]。

② 有关生活史研究，请参考 Goodson 等人（2001）[4] 的研究。此外，Schaefer 等人（2014）[5] 的研究中，分析了北美教师在职业生涯初期离职的情况。Schaefer 等人的研究中表明，教师离职的原因是多种多样的，绝对不是可以统一理解概括的。因此，单纯依靠制度改革，是很难解决问题的。换言之，为了探讨教师在职业生涯初期离职的主要原因，对每个教师进行叙事研究是非常必要的。本文中的分析也是从同样的立场出发进行的。

（二）成为教师之前

首先，为了了解 U 在成为教师之前的情况，对于 U 经历了怎样的校园生活，以及为什么要当教师等开展了提问。从 U 的谈话中可以了解到她非常喜欢且适应校园生活。

Y（笔者，以下省略）：为什么想成为一名教师呢？

U（被采访者，以下省略）：上小学的时候我就喜欢去学校，当时就想一辈子都要在校园里生活（笑）。

Y：是吗？那是小学几年级呢？

U：我记得是小学三年级的时候写将来的理想，我就写了想要当小学教师，应该就是那个时候吧。

Y：你没有考虑过成为一名小学教师吗？为什么成了中学教师？

U：嗯，如果这么说的话……我在小学的时候梦想成为一名小学教师，中学的时候想成为一名中学教师，高中的时候想成为一名高中教师。在高中要考大学填写志愿的时候，当时就想当一名高中英语教师，所以并没有填写要当小学老师。

以上对话中表明，被采访者在小学三年级时，已经梦想着成为一名教师，并且那之后也一直没有改变。小学、初中和高中，也就是在校园生活的每个阶段，都梦想着成为教师，可以说她非常喜欢校园生活，适应校园生活。正如以下的对话内容。

U：还有，我家里就我一个孩子，要是去学校的话，有朋友在，还可以一起玩。因为父母两个人都工作，回家就只有我一个人，但是去学校的话就可以见到其他人，这一点也是我非常喜欢学校的一个原因。还有就是，我也不是那么不喜欢学习，在课堂上也积极发言，可以说我觉得我是一个爱学习的好孩子（笑）。在家长会也没有被批评过，成绩也很好，所以我对学校没有什么坏印象。

一般来说，个人对自我学生时代的表现评价都是谦逊的。通过以上的对话可以知道，被采访者是一个非常喜欢学校、成绩好又深受老师喜爱的优等生。可以理解为，被采访者的校园生活很美好，这种愉快的感知也引发了其对学校生活的喜欢和向

往。也正是这种意识，促使 U 成为教师。

（三）成为教师之后

在成为教师的第 1 年里，被采访者的生活没有发生什么状况，可以说是轻松愉快地度过了非常充实的教师生活。

U：回想第 1 年的工作，并没有什么辛苦的感觉。当时不顾一切地拼命工作，自己也觉得这些工作都是理所当然应该去做的。并且第 1 年要上的课不是那么多，因为第 1 年要参加新任教师研修会，学校也就没给我安排那么多的课，当时觉得自己有很多闲暇时间。在成为教师第 1 年里，社团活动不多，课也不多，所分担的学校事务也是比较轻松的工作，所以时间上、精神上都很充裕……

但是，从第 2 年开始被采访者就感受到了作为教师的工作负担和压力。关于第 2 年以后产生的变化，U 如下所述。

Y：感受到压力是因为增加了各种各样工作的缘故吗？比如说课时量。

U：是的，课时量增加了，分管的学校杂务也增加了……嗯，还有就是，觉得自己是班主任，所以这个也想做那个也想做，结果就做了太多太多的工作……上课也是这样。总感觉是自己把自己累垮了。

就这样被采访者开始了忙碌的教师生活，其忙碌程度正如 U 如下所述。

U：我被委任为图书室主任了。所以，午休的时候也要去图书室工作。以至于吃午饭都是匆匆忙忙的，午饭要在 10 分钟内解决，可能还不到 10 分钟。有时根本吃不完，想着如果吃不完的话那就晚上再吃吧，这么想着想着就都剩下了。接着马上就去图书室工作了，也就"理所当然"的没有休息了。感觉当时过的是一种只能趁午休去趟洗手间而已的生活。

许多老师也抱怨过这种忙碌的教师生活。被采访者并不是唯一一个感受到这种忙碌的教师生活的人。但是与之相反，一些教师会认为这种忙碌是"有价值的"。那么，到底是什么让 U 的教师生活变得如此困难呢？

三、教师工作的困境

（一）作为教师遇到的问题

被采访者觉得致使教师这份工作变得困难的一个重要原因是指导"问题学生"。在工作之初，即使工作很多，没有休息时间，也没觉得那么痛苦。但是，当出现了"问题学生"，要忙于应对他们时，也会对平时各种各样的工作产生很大的影响。

被采访者是如何应对"问题学生"的如下所述。

Y：你说忙，那比如说，除开备课之外还有什么事要做呢？就是还有什么事会占用较多的时间呢？

U：管理学生用的时间比较多吧。虽然第1年时并没有觉得很吃力。但深入地了解学校后，逐渐发现校园里存在的很多问题，有很多"问题学生"。虽然一天中大概有一个小时的空闲时间，但其实那段时间根本空不下来，没办法休息。比如说，在教师办公室时，突然来消息说有学生没来上课，就必须立刻去找那个学生。找到那个学生了还不算完，还要对他进行教育。并且如果那个学生在校内还有过吸烟、打架等别的过分行为的话，这时候单纯的教育批评就行不通了，还要找家长，再进行沟通、教育，然后再让他回家反省……就这样，把本来需要做别的事情的时间都给占用了。后来这种情况非常多。

正如被采访者所描述的，学生指导并不仅仅是占用了学生指导的时间，也会影响到其他的工作。

U：并且，即使是像刚刚说的，要去处理"问题学生"的事件，但是平时的会议啊，面谈啊，员工会议什么的，日常的工作还是要完成的。还有学校大型活动的准备什么的，怎么说呢，都是一些小事杂事，嗯，虽说都是小事杂事……必须要完成自我评价表啊，除了要完成这个以外，还有有关学生成绩什么的。而且还有必须用电脑完成的各种各样的任务……嗯，如果到了学期末或者年末的话，还要制定通知单和指导大纲，然后打印出来和大家一起进行年级讨论检查什么的，真的是多不胜举（笑）……实在是有太多工作了。

学校会议、面谈、员工会议、校活动准备、录入成绩、年级检查等，这些日常需要完成的工作，因为要指导"问题学生"变得没有时间去完成。最后的对话中"实在是有太多工作了"这句话，可以表明被采访者当时的心境。

另外，授课和社团活动也给U带来了很大的负担和压力。U有追求完美主义的性格，坚决不妥协地坚持按照自己觉得必要的方法授课，也因此让本来就繁忙的教师生活变得更加忙碌。并且，承担着自己并不熟悉和擅长的运动部的社团指导活动，这使她感到更大的压力。

（二）精神上的痛苦

被采访者追求完美主义的性格不仅表现在授课上的精益求精，也表现在对学校规章制度的理解与执行上，由此引发了与学生的一些矛盾冲突。

U：还有，就和学生的关系而言（也会让我感到很疲惫），虽然和我自己处理得还不太娴熟也有关，但是主要还是因为校规太多。比如有1到10则的校规，我就会要求自己所负责班级的学生都能全部遵守。即使是1到10则里有9则都能遵守，也会在意没能遵守的那1则校规。"到底为什么没能做到？"就在很在意为什么没能做到这一点的同时，也导致了我不能去表扬学生已经做到的那9则。所以和学生也没能建立良好的关系。嗯，总觉得作为教师的生活越来越不能得心应手……即使很痛苦，但就算是课间休息时间，并没有什么事，我也会强迫自己待在教室里……尽管如此，也没有学生来搭话（笑）。总觉得吧，总想着自己没能很好地完成教师的工作，这样的想法日积月累，之后就变得越来越恶化（笑）。

对学生的管理也追求完美主义，并且丝毫不肯妥协的原因，致使学生与U产生了隔阂。逐渐地，被采访者觉得不完美的事情堆积得越来越多，并且每天不停地去想，以致给日常的生活也带来了障碍。

U：对我而言，实在不会把公与私分开，真的不会切换ON和OFF。就算是回到家，也把工作带回家继续完成，备课什么的……就算是做梦也是站在讲台上，所以真的是太影响睡眠了……与其说是睡眠不足，不如说是失眠。因为整个晚上都睡不着，所以到了早上就会很累。这是一种恶性循环。

U：其他人也跟我说把工作和生活区分对待就好，但因为朋友并不是教师，所以他所说的把生活和工作分开，在教师这个职业里是完全办不到的。（笑）总是一直会想着，如果要是那个时候对学生那样说就好了之类的。还有就是关于上课，一直都会想着如果那时候上课，问学生点别的问题就好了之类的。

"分不清公私""不能进行 ON 和 OFF 的切换""无法停止思考学校的事情"，被采访者一直持续着这样的生活，久而久之，就认识到自己已经无法继续做教师了。"一直在犹豫，不知道自己可以坚持到什么时候，也就这样一直坚持着，但就在我思考能不能坚持一辈子的时候，我清楚地觉得这绝对不可能"，因此就决定辞职了。

（三）辞职的决定

根据被采访者所述，并没有直接原因导致她辞职，而是很多事情堆积在一起，让她做出辞职的决定。从以下的对话中可以发现，被采访者的追求完美主义是导致她辞职的主要原因之一。

Y：让你辞职的契机是什么呢？

U：契机……说到这个的话不只有一个。其中一个是，嗯，工作任务太多了。这个也要做那个也要做。加起来就太多了。社团活动啊，上课啊，还有学校管理上的一些事情。嗯，还有学校的活动，实在是太多了。我又看不得所有的事情都做的半途而废。尤其是上课，其实是想好好备课的，可是我实在是太困了（笑），也没有太多时间……所以就准备得很凑合，站在讲台上讲的也很敷衍了事，所以学生的反响也不是很好。这种事情多了，连自己也开始讨厌自己了。

从第 2 年开始，被采访者就有了辞职的想法。因此第 3 年时，得到了校长的照顾，由班主任转为副班主任，减轻了很多负担。但是被采访者依然觉得无法继续当教师了。正如下文中所描述的，指导"问题学生"的困难是其中非常重要的一个因素。

U：管理"问题学生"实在太痛苦了。当然我知道肯定和我能力不足也有一定的关系。我被"问题学生"欺负得不得了。比如只在我的课堂上，这样（动作）看漫画，这样（动作）嚼口香糖，把脚放在桌子上什么的。我已经连说他都觉得烦了。但是，别的学生还在看着，置之不理也不行。所以就心里一边想着太烦了太烦了，一边教育他。但那时我都已经不能够比较从容地教育他了。最后还是拜托了别的老师教育他。我已经……我觉得自己实在是做不到……真的没办法继续做教师了。（笑）

如果在精神上被逼到绝境的话，连进入教室都觉得很痛苦。被采访者仅仅因为自己是教师这件事，都觉得是非常大的负担。

U：嗯，真的，就连每天早上去教室开个早会都不想……怎么说呢，就是对学生的事情很……有时劝自己，那个班的学生还是很可爱的啊，自己做的事很有价值啊，其实说到底只是自我满足感吧。再比如嘴里说着为了学生怎样怎样，可说到底做这些还是想要得到别人对自己的一些表扬吧，呃，我自己也不是很清楚……其实吧，坦诚地说，有的学生实在太不可爱了。（笑）根本不听话的学生啊……一想到这些就一点也不想去教室了。

最后的结果，被采访者在精神和身体上都感受到非常大的负担和压力，认为无法继续教师这个职业。因此选择了放弃，辞职。

在接受采访时，U 说回顾作为教师的生活，辞职是一点都不后悔的决定。"我觉得如果不是从当教师的压力中解脱出来，我也不会想明白这么多。""现在好啦，才发现原来作为普通人竟然能睡得这么好，这才应该是正常的生活啊！"被采访者 U 通过摆脱教师这一职业带来的困扰，开始了另一段新生活。

四、总结与考察

本文通过采访不堪重压在职业生涯初期就离职的中学教师 U，使用生活史的分析手法得出造成她离职的三大原因。

（1）被采访者 U 从小学三年级开始一直梦想着成为教师，小学时想当小学教师，中学时想当中学教师，高中时想当高中教师。可以看出被采访者

U 非常喜欢校园生活，并且适应校园生活。可以发现 U 的价值观已经被校园文化所同化了。

（2）众所周知，教师这个职业非常繁忙。但是不同的人有不同的想法，比如有的教师会认为，正因为这种繁忙和辛苦，才体现了教师这个职业的意义。对被采访者来说，教师工作的繁忙不是致使她提前离职的主要原因，而是因为指导"问题学生"的工作，导致了无法兼顾其他的日常工作，长此以往，工作变得越来越无法完成。

（3）由于长期以来的压力积累，造成了被采访者的精神崩溃。无法调节自己"切换 ON 和 OFF"，导致"一直在思考学校的事情"，并反复被挫败感折磨。这样的精神状态导致了被采访者在职业生涯初期就决意离职。

被采访者 U 的内心，以"献身型教师形象"为准则，希望自己可以做到事事完美，成为一名社会大众所期待的"好教师"。授课方面也有自己的准则，并且坚决按照自己的准则去实施。在校规方面也要求学生做到完美。这种想法致使被采访者 U 的工作变得非常繁忙。虽然，在 U 成为教师之初，也认为这样的繁忙是非常具有价值和意义的。实际上，也并不只是因为教师工作的繁忙而导致 U 对教师这一职业的热情幻灭。假如仅仅是因为工作的繁忙，U 还是可以继续坚守在教师岗位的。

但是，指导"问题学生"这项工作导致 U 对自己内心所构筑的"好教师"形象产生了偏差，以至于教师这一职业对 U 的精神造成了巨大的痛苦。从被采访者 U 的情况来看，指导"问题学生"的艰难，直接致使其他的工作也都受到了影响。但即使如此，U 还是力求按照自己内心构筑的"好教师"形象去要求自己做好全部的工作。现实条件无法让 U 按照自己的准则去完成好全部工作，面对教师生活带给她的挫败感，逐渐走向精神崩溃。因此导致她最后决意辞职。

可以说，被采访者 U 受到了要成为"好教师"的教育，并且她本人也为了成为"好教师"而努力着。U 迫切地希望并要求自己成为社会上所期待的"好教师"。但实际上，这种"好教师"形象，在一线工作的教师根本无法实现。也可以说，正因为 U 是一名"好教师"，她才无法继续教师这一职业。这件事情也反映出日本的教师培训制度，乃至学校教育中所存在的严重问题。

正如问题提出部分谈到的，目前教师的"工作方式改革"主要是通过缩短劳动时间等制度改革来实施的。然而，以被采访者 U 的情况来说，即使今后制度上成功缩短了教师的劳动时间，教师过劳的问题也依然不会得到解决。对于其他不得已离职，或者因身体或心理疾病休职的教师来说，导致离职或休职的原因也不尽相同，也就是说想要通过缺乏灵活性和适应性的制度改革来改善教师过劳的状况并不切合实际。正如 Schaefer 等人的研究中所提出的，在日本，职业生涯初期就离职的教师每位都存在着不同的问题。[5]因此有必要探讨研究每个案例，并提供个别援助与支持。今后，通过进一步研究其他职业生涯初期离职教师的生活史，来探讨各种导致其离职的原因是非常必要的。

参考文献：

[1] 山田浩之 . マンガが語る教師像 [M]. 昭和堂，2004.

[2] 伊勢本大 .《教師批判言説》の呪縛：「子ども理解」をめぐる小学校教師の解釈実践 [M]// 教育社会学研究，第 100 集，東洋館出版社 2017.

[3] 油布佐和子 . 教師は何を期待されてきたか [M]// 油布佐和子 . 教職の現在·教職の未来，教育出版，1999.

[4] Goodson , I & P. Sikes. Life History Research in Educational Settings: Learning from Lives[M]. Open University Press, 2001.（高井良健一·山田浩之他訳 . ライフヒストリーの教育学 [M]. 昭和堂，2006.）.

[5] Schaefer L, Downey C A, Clandinin D J. Shifting from Stories to Live By to Stories to Leave By: Early Career Teacher Attrition[J], Teacher Education Quarterly, 2014.

Study on Life History of Leaving Teacher Early in Career

YAMADA Hiroyuki, ZHOU Zheng

(Hiroshima University, Hiroshima 739-8524, Japan)

Abstract: Life history research is an important method of qualitative research in sociology. The study of the Japanese teachers' life history leaving at the beginning of their employment analyzes the characteristics of the times and society of the teacher as a profession, and discusses teachers' professional identity and career development. The research results show that the reason why the interviewees decided to resign at the beginning of their employment is not only the busy work, but also the inneer influences brought by the deep-rooted "dedicated teacher image" in Japanese society. Due to the reality, the interviewees were unable to complete their work in accordance with the "dedicated teacher image" guidelines they constructed. Facing the sense of frustration brought by the teachers' life, they gradually went into a mental breakdown and finally decided to resign.

Key words: Leaving Teacher Early in Career, Life History, Dedicated Teacher Image

（责任编辑：茶文琼　黄得昊）

基于企业架构方法论的智慧校园顶层设计

冯　翔[1,2]　邱龙辉[2]　吴永和[2]

（1. 上海数字化教育装备工程技术研究中心 & 国家新闻出版署出版融合发展（华东师大社）重点实验室

上海　200062；

2. 华东师范大学教育信息技术系　上海　200062）

[摘　要]　智慧校园是校园信息化发展的新趋势，与之前的数字化校园相比包含更加广泛的应用领域，而其设计与实施复杂度也相对较高。本文借鉴企业架构方法论阐述智慧校园的规划和建设，利用 Archimate 架构模型抽象出数字化校园分层架构模型，并根据智慧校园的愿景，对其进行再设计，获得智慧校园分层架构模型，进而提炼智慧校园架构的关键技术，归纳智慧校园设计与实施思维，即数据驱动是核心，网络通道可扩展以及智能应用模块按需加载。

[关键词]　智慧校园　架构　大数据　Archimate

数字化校园是校园信息化的产物，其发展脉络与各行业信息化发展脉络保持着相当程度的一致。近年来，校园信息化的发展落后于其他行业信息化的发展，特别是在信息技术与学校业务高度融合方面还有待发展，因此《教育信息化十年发展规划（2011—2020 年）》提出了"应用驱动……深度融合，引领创新"的工作方针以及"信息技术与教育融合发展的水平显著提升"的建设目标。智慧校园就是在这样的背景下发展起来的新一代校园服务体系，目前已经引起学界和产业界的广泛关注。

但是，智慧校园的建设是一个系统工程，也是一个具有非常明显的扩展性、阶梯性特点的工程，不能一蹴而就。智慧校园的全貌究竟如何，采用什么样的技术体系，如何实施？本文从智慧校园的架构分析、关键技术、实践模式以及值得借鉴的方法论等方面阐述智慧校园的特征及建设思路。

一、智慧校园的研究现状

当前，智慧校园的理论研究侧重于概念、特征

基金项目：本文是国家新闻出版署出版融合发展（华东师大社）重点实验室开放课题基金资助项目（项目编号：ECNUP-KF201903）的阶段性成果。

作者简介：冯翔，华东师范大学教育信息技术学系 & 上海数字化教育装备工程技术研究中心副研究员，主要从事教育信息化系统与架构、人工智能教育应用、教育大数据与学习分析等研究。

邱龙辉，华东师范大学教育信息技术学系硕士研究生。

吴永和，华东师范大学教育信息技术学系研究员，主要从事教育大数据与学习分析、STEAM、人工智能教育应用、教育信息技术标准等研究。

和支撑技术界定。祝智庭等提出了智慧教育的理解图式，认为全面感知学习情境及其社会关系是智慧教育的重要特征[1]，以位置感知、社会感知、学习活动感知等情境感知为基础提供泛在、入境和群智特性的智慧学习体验设计是智慧学习环境研究的重点[2]。而智慧校园恰恰是一类需要实现以上特征的广义的学习环境。黄荣怀等从面向师生个性化服务的角度提出了智慧校园的特征，并提炼出情境感知与识别、学习分析、数字资源组织和共享等五大智慧校园的关键技术[3]。于长虹等认为由于在实践层面还缺少整体上的构思和智慧性设计，因而造成了智慧校园智慧性体现不足，难以达到理想的促进教学变革和提高教学效果的目的，并基于以上思考提出了智慧校园智慧性设计的构成要素[4]。

智慧校园的工程研究从不同应用领域和层面展开。欧盟项目 SMART CAMPUS 通过开发相关应用和服务，已支持校园能源数据的实时采集和智能能源管理，并实现了人和建筑之间的双向交互[5]。华为和锐捷网络着眼于网络互通和数据管理的智慧校园整体解决方案[6][7]。这些案例都从特定应用角度开展，对于整体的智慧校园建设的指导意义不够，与前述的理论之间也没有形成较好的螺旋演进效应。

智慧校园的总体设计也受到了许多研究者的关注，张龙磊提出智慧校园总体技术架构主要由业务应用层、平台层、综合网络层、感知层（数据采集）四层组成[8]。陈平、刘臻与陈明选、徐旸从物联网视角探讨了智慧校园的架构[9][10]。王燕等提出了基于感知层、网络层、数据层、应用层和服务层的智慧校园建设总体架构模型[11]。王永强、陈舵与高倩、王志军提出了基于物联网和云计算的智慧校园总体设计框架，即在物联网的基础上总体设计的框架结构可以分为自上而下模式的四层，包括综合云管理平台层、管理子系统层、云计算数据整合层、网络层[12][13]。祝智庭、贺斌提出了智慧校园的标准，该标准从基础支撑环境、数字化应用成效、数字资源建设、可持续发展机制与保障四个维度，指导学校开展智慧校园的建设与应用。

二、智慧校园顶层设计分析

智慧校园的理论和实践之间还缺乏具备企业（或称为组织，下文统一使用"企业"一词来表述）信息化思维的 EA（Enterprise Architecture）设计，因为智慧校园的建设本质上是一类典型的企业信息化工程，其实施的关键在于明确智慧校园的愿景，优化业务流程，并以关键技术支撑实现，形成智慧系统设计与实施思维。在这方面，企业信息化领域已经形成了相对成熟的方法论和技术路线，如 TOGAF（The Open Group Architecture Framework）、FEA（Federal Enterprise Architecture）、Zachman 框架（Zachman Framework for Enterprise Architecture and Information Systems Architecture）、Gartner 企业架构方法论[14]。本文借鉴企业信息化领域的架构设计方法论和描述技术，对智慧校园进行架构研究，采用 TOGAF 方法论中对应的 Archimate 架构模型来进行架构分析。

（一）智慧校园架构愿景

智慧校园的根本需求领域包括智慧教学服务以及支持智慧学习服务的校园系统。智慧校园是一个涵盖数字学习环境、物理学习环境的综合学习环境，它需要提供智慧学习的支持。同时，作为一个系统，为了更好地支持智慧学习活动，它还需要具有自我治理能力。从支持智慧学习的角度看，智慧校园需要提供高度情境化、个性化、智能化的学习服务，其领域范畴包括学习平台、教学管理、学籍管理、智慧教室等。而从校园自我治理的角度看，智慧校园自身需要具有确保校园物理世界和数字世界稳定、有序、安全、绿色运行的能力，其领域范畴包括校园文化、校园安保、车辆管理、资产管理、能源与水电管理等。

智慧校园的特征可以从技术特征和人文特征两个方面来概括。祝智庭等提出智慧教育的显著特征包括位置感知、情境感知、社会感知、互操作性、无缝连接、适应性、泛在性、全程记录、自然交互、深度参与等，这些特征进一步划分为智慧校园的技术特征和技术能力，并归纳为情境感知、精准

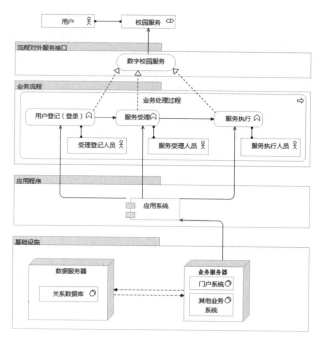

图1　抽象的数字化校园分层架构模型

决策、个性服务、优化结果。而这些技术能力支撑起来的用户体验就是智慧校园的人文特征，即智慧校园提供这样的服务：在大多数情况下，用户不需要显性地向其提出服务需求，但系统却能够在合适的时空情境、合适的社会情境以及合适的个人心智情境下主动满足用户的需求，其中的用户包括教学领域的用户和校园治理领域的用户，而这就是智慧校园架构设计的愿景目标。

（二）基于EA的智慧校园分析

通常，人们用框图分层法来表示一个系统，如智慧校园总体框架[15]。大量学术研究中也采用框图架构[16][17]。尽管框图法在简化系统表达方面颇为有效，对于向非软件领域的用户表达软件系统具有较好的效果，但对于大型信息化工程，其语义信息不足，难以合理和完备表达，支持严谨分析的能力不足。本文借助EA方法论和技术手段进行架构分析和建模，采用Archimate[18]架构描述语言对业务层、应用层以及技术层形成的层次架构视图进行建模，分析其架构现状，并提出新的架构目标。为便于分析和阐述，本文对校园系统进行了一定的抽象，如将学习分析等服务纳入决策支持服务中，将

统一权限相关的能力纳入用户感知中。

1. 当前数字化校园的架构抽象：架构金字塔中的As-Is

企业架构分析中需要分析架构的当前现状，即As-Is。对于当前的数字化校园，本文抽象出如图1所示的架构视图。该架构视图采用Archimate架构模型描述，其主要特征是各类服务流程的实现都需要人的参与。而根据前文分析的愿景，在智慧校园中，系统将极大地把人从流程和决策中解放出来。

2. 智慧校园架构目标：架构金字塔中的To-Be

根据上文的分析，从数字化校园到智慧校园的转化需要重新进行架构设计，新的架构中将引入新的处理流程和基础设施，重新规划服务流程和应用系统，减少人员的直接参与和操作，提高用户体验，如图2所示。从业务的角度分析，智慧校园服务由用户感知过程、情境计算过程和智能决策过程来实现，相对于数字化校园架构模型，此业务流程提高了系统智能处理的能力，降低了对用户和服务人员的依赖；这些流程通过应用服务接口使用应用系统的功能；应用系统实现了用户登录服务、用户情境服务、决策支持

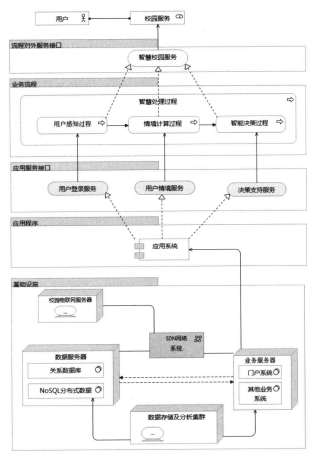

图2 抽象的智慧校园分层架构模型

服务等关键服务；应用系统需要使用技术基础设施；技术基础设施包含数据服务器、数据存储及分析集群、业务服务器、校园物联网服务器以及将其融合贯通起来的SDN网络系统。

三、支撑智慧校园架构的关键技术

要实现智慧校园技术特征和人文特征，需要整合多种技术进行数据采集、数据分析，了解校园中数字世界、物理世界以及人的世界中发生的事情，根据情况对这些事情进行决策，然后提供适当的服务。此服务为用户提供这样的用户体验：用户感觉有一个良师益友在他需要的时候时刻帮助、提醒他。本文综合前人研究基础，总结提炼出了三个层面的关键技术，即网络基础设施层面、数据基础设施层面、智能应用支撑层面。

（一）网络基础设施层面

1. 软件定义网络（Software Defined Network, SDN）

智慧校园网络的挑战在于需要具有极强的适应能力。为满足各类应用需求，智慧校园网络需要对园区中的各种数据路由进行按需配置，为异地接入进行实时数据路由，对网络进行虚拟化等。由于传统网络设备的封闭性，在网络建设完成后，要满足这些业务需求的门槛很高。

SDN的提出为上述类似网络问题提供了解决方案。SDN是由美国斯坦福大学 Clean Slate 研究组提出的一种新型网络创新架构，其核心技术OpenFlow 将网络设备控制面与数据面分离开来，从而实现网络流量的灵活控制，为核心网络及应用的创新提供良好的平台[19]。

2. 物联网

诸多论文阐述了物联网是智慧校园的关键技

术[20][21][22]，这是因为物联网解决了一类关键数据的获取及设备的控制问题。物联网有众多的定义[23]，不论其定义如何，其要点都在于通过传感器设备和可识别标签将物理实体相互连接，将物理实体同数字世界联通，实现物理世界和数字世界的高效信息交互。在智慧校园中，物联网具有广阔的应用前景，比如可以采用 RFID 或者二维码实现校园文化的传播应用。

（二）数据基础设施层面

1. 云计算技术

在智慧校园中，无论从物理设备架构还是软件架构来看，云计算技术始终是一个基础性的技术。它不仅能够以相对较低的预算架构出有利于智慧校园的基础设施，还能从应用模式角度赋予智慧校园应用生机[24]。云计算技术可以整合高校硬件设施，实现高校间资源的互相开放。同时，云计算技术强大的调度整合资源能力能够构建虚拟化教学资源与管理服务平台，打破地域限制与高校间信息数据孤岛问题，真正做到资源共享，促进教育公平。

2. 教育大数据

大数据引起了科技界对科学研究方法论的重新审视，正在引发科学研究思维与方法的一场革命，是未来科技及经济社会发展的重大战略领域。在教育领域，教育管理和教学中的操作带有相当部分的主观成分，这导致教育领域缺乏严谨的数据作为科学支撑，给教育决策和教学活动的进步带来了极大的障碍。基于教育大数据的数据驱动的教育技术为解决这类问题提供了思路，已成为世界教育发展的主流趋势。

3. 学习分析

学习分析是优质教育服务不可或缺的部分，是教育服务产业的核心支撑。祝智庭等认为学习分析是智慧教育的科学力量[25]。结合大数据技术与学习分析技术研究智能数字化教育服务支撑平台可以解决当今教育信息化面临的多种问题，如教育大数据存储与分析的问题，进而为教师、学生、决策者、研究者、供应商以及教育信息系统提供各种服务。这样的支撑平台将为智慧学习环境提供增强的感知能力，从而提供智能、个性化的学习服务；为教育科研工作和产业发展提供开放服务；有利于促进学习分析数据模型规范的形成。

（三）智能应用支撑层面

1. 情境感知技术

目前普遍认可的情境定义是德伊（Dey）提出的，认为情境是指任何可以用来刻画实体情形特征的信息，实体可以是人、位置、与用户和应用交互相关的物理的或虚拟的对象，包括用户和应用本身[26]。而情境感知是指一个系统利用情境为用户的任务或活动提供相关的信息或服务[27]。在智慧学习环境中，情境信息包含位置、社会化状态、学习活动、学习目标等。情境感知在智能空间、环绕计算、普适计算、个性化推荐和学习领域具有重要地位，是提高用户体验的重要技术[28]。

2. 智慧学习对象

智慧学习对象的首要目标是实现数字化学习资源在语义层面上的表达、发现、重组以及用户行为的数据采集，为服务主动学习的个性化学习资源的自动生成提供技术基础，其关键点有三个。第一，将学习资源演进为智能体方法。本质上，资源一旦满足某种需求就将被人为检索和使用，因此，需要研究一种将教育资源的需求信息、功能信息等作为资源功能的描述，通过这样的描述，结合统一资源定位系统（Uniform Resource Locator, URL）可以将该资源在网络上刻画出来。第二，学习资源智能体相互发现、获取与聚合的机制。这是一种软件框架模型，通过这个模型，网络上的教育资源软件构件将被聚合起来，从而实现更深层次的语义共享。第三，智慧学习对象对用户行为数据的获取技术。为每个智慧学习对象赋予数据采集功能。

3. 智能学习服务

智能学习服务是未来发展的方向，其实现依赖于教育大数据、学习分析技术、情境感知技术以及智慧学习对象技术和人工智能技术，其特点有三个。第一，个性化的按需服务。它要求学习环境、学习资源能时刻跟踪学习者的行为数据、偏好数据、学习绩效数据，并对这些数据进行准实时乃至最终实现实时分析。第二，根据不同的情境，提供不同的服务。在情景知识库的支撑下，进行语义推理，从而为其提供人性化的服务，其最高目标是机器提供能与人比拟的服务效果。第三，根据不同的设备，提供一致的、高度优化的学习体验。

四、智慧校园设计与实施思维

智慧校园的建设必须抓住核心，按需稳步推进，必须有一个基础性的、可扩展的、稳定的数据与网络平台。在这个平台之上，学校可以根据需求，逐步开发出数据驱动的各种应用。因此，在所有上述关键技术中，数据相关的技术处于核心地位，而软件定义网络相关技术是数据通道的关键一环。

（一）数据驱动

整个智慧校园的核心是数据，通过对数据感知、采集、存储与持续分析，可以了解整个校园任意时刻发生的事情，并提供相应的解决方案。根据校园建设的不同方面，数据驱动包括三部分。第一，数据驱动的运维支持。典型场景是水、能源管理。第二，数据驱动教学。学生和教师时刻了解学习状态，系统根据状态随时进行教学干预，提供合适的学习路径、学习资源。第三，数据驱动的教务管理。

（二）网络自定义

基于 SDN 和 OpenFlow 建立起来的网络可以构造"网络操作系统"，网络维护者能够像开发 Windows 软件一样，根据网络建设、部署和业务需求开发不同的"网络操作应用"，从而提高适应性，为满足智慧校园的多种复杂业务需求提供支撑。

（三）应用扁平化

数据驱动的智慧校园建设还体现在数据从"竖井"式向"扁平"式的转变。业务驱动的应用开发通常导致软件和硬件的"竖井"化。数据的分离化，导致数据价值的利用有限，导致应用开发的孤立。在智慧校园中，由于数据处于核心地位，数据服务类似于海洋，我们只需要按照业务应用需求，开发相应的应用服务，就能够充分发挥数据的作用。

五、结束语

智慧校园的建设是一个系统工程，其规划实施与企业架构具有极大的相似性。本文采用 TOGAF 企业架构方法论中的 Archimate 企业架构模型来对智慧校园进行抽象分析，是一种新的思路和尝试。我们希望通过引入企业架构分析领域内多年的研究成果为智慧校园的设计规划提供坚实的基础。Archimate 架构模型拥有诸多视图，可以在企业架构分析中根据利益相关者需求进行多层次、多维度的设计，包括数据治理规划的设计。受篇幅限制，本文只采用了分层模型来进行最抽象的表达，未来将根据实际情况逐步将抽象模型不断细化，不断具体化。

参考文献：

[1] 祝智庭，贺斌.智慧教育：教育信息化的新境界 [J].电化教育研究，2012（12）.

[2] 冯翔，吴永和，祝智庭.智慧学习体验设计 [J].中国电化教育，2013（12）.

[3] 黄荣怀，张进宝，胡永斌，等.智慧校园：数字校园发展的必然趋势 [J].开放教育研究，2012（4）.

[4] 于长虹，王运武，马武.智慧校园的智慧性设计研究 [J].中国电化教育，2014（9）.

[5] Oliveira Ã﹒A., Nina M. & Medina J. SMART CAMPUS - Building-user Interaction Towards Energy Efficiency Through ICT-based Intelligent Energy Management Systems[J]. European Project Space on Information and Communication Systems . 2014.

[6] 王左利.智慧校园的关键：资源的互联和管理——专访华为企业 Bg 中国区总裁马悦 [J].中国教育网络，2014（8）.

[7] 孙菁玮.锐捷网络发布三通两平台解决方案 [J].中国教育信息化，2014（12）.

[8] 张龙磊.基于物联网、云计算、大数据的高校智慧校园建设的研究 [J].科技致富向导，2015（14）.

[9] 陈平，刘臻.智慧校园的物联网基础架构研究 [J].武汉大学学报（理学版），2012（S1）.

[10] 陈明选，徐旸.基于物联网的智慧校园建设与发展研究 [J].远程教育杂志，2012（4）.

[11] 王燕. 智慧校园建设总体架构模型及典型应用分析 [J]. 中国电化教育, 2014 (9).

[12] 王永强, 陈舵. 基于物联网和云计算的智慧校园设计方法研究 [J]. 科技视界, 2015 (1).

[13] 高倩, 王志军. 基于物联网的智慧校园基础架构与应用研究 [J]. 漯河职业技术学院学报, 2015, 14 (2).

[14] Sessions R. Comparison of the Top Four Enterprise Architecture Methodologies[EB/OL]. (2007-5) [2019-10-10]. http://www3.cis.gsu.edu/dtruex/courses/ CIS8090/2013Articles/A%20Comparison%20of%20the%20 Top%20Four%20Enterprise-Architecture%20Methodologies. html

[15] 钟晓流, 宋述强, 胡敏, 等. 第四次教育革命视域中的智慧教育生态构建 [J]. 远程教育杂志, 2015 (4).

[16] 蒋东兴, 付小龙, 袁芳, 等. 高校智慧校园技术参考模型设计 [J]. 中国电化教育, 2016 (9).

[17] 王曦. "互联网＋智慧校园" 的立体架构及应用研究 [J]. 中国电化教育, 2016 (10).

[18] Group T O. ArchiMate 2.1 Specification[M]. Hertogenbosch : van Haren Publishing, 2016.

[19] Mckeown N, Anderson T, Balakrishnan H, et al. OpenFlow: Enabling Innovation in Campus Networks[J]. ACM SIGCOMM Computer Communication Review, 2008, 38 (2).

[20] 冯翔, 姜鑫, 吴永和. 物联网教育应用的标准建设研究 [J]. 华东师范大学学报 (自然科学版), 2012 (2).

[21] 于敏, 王宗运. 基于物联网的智慧校园的研究 [J]. 计算机与网络, 2012 (21).

[22] 刘建华. 基于物联网技术构建智慧校园系统方案设计 [J]. 甘肃联合大学学报 (自然科学版), 2013 (3).

[23] 孙其博, 刘杰, 黎羴. 物联网: 概念、架构与关键技术研究综述 [J]. 北京邮电大学学报, 2010 (3).

[24] Intel. Big Data, Big Vision Small Budget:Computing at Clemson[R]. 2012.

[25] 祝智庭, 沈德梅. 学习分析学: 智慧教育的科学力量 [J]. 电化教育研究, 2013 (5).

[26] Dey A K, Abowd G D, Salber D. A Conceptual Framework and a Toolkit for Supporting the Rapid Prototyping of Context-aware Applications[J]. Human-computer Interaction, 2001, 16 (2).

[27] Abowd G D, Dey A K, Brown P J, et al. Towards a Better Understanding of Context and Context-Awareness[A] Gellersen HW (eds).Handheld and Ubiquitous Computing[C]. Berlin: Springer,1999.

[28] Apollo Alliance,Energy Action. New Energy for Campuses:Energy-Saving Policies for Colleges and Universities[R].2007.

Top-level Design For Smart Campus Based on Enterprise Architecture Methodology

FENG Xiang[1,2]   QIU Longhui[2]   WU Yonghe[2]

(1. Shanghai Digital Educational Equipment Engineering Technology Research Center, East China Normal University, Shanghai 200062;

2. Department of Educational Information Technology, East China Normal University, Shanghai 200062, China)

Abstract: The smart campus is a new trend of the development of campus informatization. Compared with the previous digital campus, it contains a wider range of applications, and the complexity of its design and the implementation is relatively high. Based on enterprise architecture methodology, this paper describes the planning and construction of smart campus and abstracts the hierarchical model of digital campus by using Archimate architecture model. According to the vision of smart campus, this paper redesigns the hierarchical model of digital campus, thus obtaining the hierarchical model of smart campus and the key technologies of smart campus architecture. To sum up the design and implementation of smart campus, data driven is the core, network channels can be expanded and application modules can be added as required.

Key words: Smart Campus, Architecture, Big Data, Archimate

（ 责任编辑：杜金丹　王永静 ）

贺　信

《上海教师》编辑部：

欣闻《上海教师》即将付梓，谨致以诚挚的祝贺！

我非常乐见贵刊在上海诞生。上海是一座卓越的城市，其基础教育在数次PISA测试中表现优秀。我在观察上海课堂时，发现了上海教师的优秀。他们富有热情、同情心和思想；他们鼓励学生去参与、去承担责任；他们会基于学生不同的背景和不同的需求予以回应；他们会对学生进行持续的评价并给予反馈；他们会确保学生感知到自己是有价值的并且具有归属感；他们鼓励学生间的合作学习。根据TALIS调查结果，上海教师比其他教育体系的同行们更多地以团队的形式开展工作和学习。教师间相互协作，制定他们共同的目标、规划方案并监测目标的达成。

我非常期望贵刊能走向世界。当前世界面临诸多挑战，教师将会成为建设未来的工程师。未来并不仅仅只是教授学生具体的知识，而是要帮助他们拥有自己可信赖的指南针，为他们在日益复杂、模糊和变幻莫测的世界中指引方向。人工智能时代，教师需要努力思考：如何让计算机人工智能与学生的认知、社会情感技能和价值观协同起来？明日教师需要帮助学生创造性地思考，让学生怀有同理心与他人一起工作和生活。如果教师仅仅只是教学生自己所知晓的，那么学生最多也只是追随前人的步伐。但如果教师教会学生如何学习，学生便可以海阔天空，自由翱翔。

我衷心祝愿《上海教师》成为促进教师终身学习的朋友，成为促进世界教师交流合作的桥梁。

OECD教育与技能司司长

安德烈亚斯·施莱歇尔

Congratulations

Editorial Office of *Shanghai Teachers*,

Hearing that *Shanghai Teachers* will be launched, I would like to extend my sincere congratulations!

I'm very glad to see your journal born in Shanghai. Shanghai is an outstanding city. There are powerful resources on which Shanghai has built the success of its students in PISA. I observed the excellence of your teachers whenever I visited classrooms in Shanghai. They are passionate, compassionate and thoughtful; encourage students' engagement and responsibility; respond to students from different backgrounds with different needs. They provide continual assessments of students and feedback, ensure that students feel valued and included and encourage collaborative learning. And Shanghai's teachers collaborate and work in teams themselves, according to TALIS more so than teachers in most education systems, to set common goals, and plan and monitor the attainment of those goals.

I look forward that your journal go to the world. The world does not stand still and teachers will be the engineers of Shanghai's future. That future is not just about teaching students something, but about helping them develop a reliable compass to navigate an increasingly complex, ambiguous and volatile world. In the age of artificial intelligence teachers will need to think harder about how they can pair the artificial intelligence of computers with the cognitive, social and emotional skills and values of students. Tomorrow's teachers will need to help students think creatively and join others with empathy in work and citizenship. If we teach our children what we know, they will remember enough to follow in our footsteps; but if we teach them how to learn, they can go anywhere.

I sincerely hope that *Shanghai Teachers* will become a friend of teachers' lifelong learning and a bridge for teachers' exchanges and cooperation around the world.

Director of Department for Education and Skills, OECD

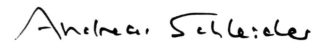

征稿启事

《上海教师》是由上海教育出版社和上海市师资培训中心联合主办的中文学术集刊,立足上海教师教育的实践沃土,从理论研究与实践探索两个维度关注教师教育研究的新问题、新工具、新实践与新发现。

本集刊关注的主要专题如下:(1)特稿——聚焦热点问题,解析最新政策。(2)人物——展现新时代的教师形象。(3)立德树人——关注师德师风建设,聚焦大中小(幼)思政课建设理论与实践研究等内容。(4)理论前沿——追踪教师研究的新理念,关注教师研究的新探索,重视教师研究的新发现。(5)教师发展——扎根实践,总结教师专业发展的经验;关注理论,探索教师专业发展的新路径;形成经验,建设教师专业发展的学术阵地。(6)课堂教学——以课堂为中心,聚焦教师教学素养的生长与发展,提升教师的教育理念、教学方法和教学设计能力。(7)教师评价——关注教师评价研究的新进展,探索"破五唯"的中小学教师评价新机制。(8)国际比较——关注教师教育的国际动态,观照教师教育的中国实践,为中国教师发展提供国际借鉴。(9)未来教师——为实现教育现代化,探索面向未来的教师教育,重点关注适应新时代的教师信息素养、数据素养研究以及技术与教学深度融合等。

欢迎关心教育的专家学者、研究人员,各级各类学校、教育学院从事教育工作的管理者和教师赐稿。来稿请投:teach2019@126.com。来稿需注明:姓名、单位、通讯地址、邮编、联系电话和电子邮箱。文稿要求原创,字数不少于8000字。

图书在版编目（CIP）数据

上海教师. 第1辑 / 上海市师资培训中心编.— 上海:上海教育
出版社, 2020.9（2021.4 重印）
ISBN 978-7-5720-0093-5

Ⅰ.①上… Ⅱ.①上… Ⅲ.①教师－生平事迹－上海－现代
②教育－文集 Ⅳ.①K825.46②G4-53

中国版本图书馆CIP数据核字(2020)第159762号

责任编辑　汪海清　袁　玲
特约审稿　朱明钰
封面设计　陆　弦

上海教师（第1辑）
上海市师资培训中心　编

出版发行　上海教育出版社有限公司
官　　网　www.seph.com.cn
地　　址　上海市永福路123号
邮　　编　200031
印　　刷　上海中华印刷有限公司
开　　本　890×1240　1/16　印张8
字　　数　230 千字
版　　次　2020年10月第1版
印　　次　2021年4月第2次印刷
书　　号　ISBN 978-7-5720-0093-5/G·0070
定　　价　30.00 元

如发现质量问题，读者可向本社调换　电话：021-64377165